王力全集 第十一卷

汉语音韵 音韵学初步

王 力 著

中华书局

图书在版编目（CIP）数据

汉语音韵　音韵学初步/王力著. —北京:中华书局,2014.7
（2025.4 重印）
（王力全集;11）
ISBN 978-7-101-09993-5

Ⅰ.汉…　Ⅱ.王…　Ⅲ.汉语-音韵学　Ⅳ.H11

中国版本图书馆 CIP 数据核字（2014）第 026136 号

书　　名	汉语音韵　音韵学初步
著　　者	王　力
丛 书 名	王力全集　第十一卷
责任印制	韩馨雨
出版发行	中华书局
	（北京市丰台区太平桥西里 38 号　100073）
	http://www.zhbc.com.cn
	E-mail:zhbc@zhbc.com.cn
印　　刷	河北新华第一印刷有限责任公司
版　　次	2014 年 7 月第 1 版
	2025 年 4 月第 5 次印刷
规　　格	开本/880×1230 毫米　1/32
	印张 7¾　插页 2　字数 200 千字
印　　数	10001-10600 册
国际书号	ISBN 978-7-101-09993-5
定　　价	48.00 元

《王力全集》出版说明

王力(1900-1986),字了一,广西壮族自治区博白县人,我国著名语言学家、教育家、翻译家、散文家和诗人。

王力先生毕生致力于语言学的教学、研究工作,为发展中国语言学、培养语言学专门人才作出了重要贡献。王力先生的著作涉及汉语研究的多个领域,在汉语发展史、汉语语法学、汉语音韵学、汉语词汇学、古代汉语教学、文字改革、汉语规范化、推广现代汉语普通话和汉语诗律学等领域取得了杰出的成就;在诗歌、散文创作和翻译领域也卓有建树。

要了解中国语言学的发展脉络、发展趋势,必须研究王力先生的学术思想,体会其作品的精华之处,从而给我们带来新的领悟、新的收获,因而,系统整理王力先生的著作,对总结和弘扬王力先生的学术成就,推动我国的语言学及其他相关学科的发展,具有重要的意义。

《王力全集》完整收录王力先生的各类著作三十余种、论文二百余篇、译著二十余种及其他诗文等各类文学。全集按内容分卷,各卷所收文稿在保持著作历史面貌的基础上,参考不同时期的版本精心编校,核订引文。学术论著后附"主要术语、人名、论著索引",以便读者使用。

　　《王力全集》的编辑出版工作,得到了王力先生家属、学生及社会各界人士的帮助和支持,在此谨致以诚挚的谢意。

中华书局编辑部
2012 年 3 月

本卷出版说明

本卷收入王力先生的专著《汉语音韵》和《音韵学初步》。

《汉语音韵》1963年由中华书局出版,后多次重印,2013年中华书局将之收入"文史知识文库典藏本"(后称"中华本");1986年山东教育出版社出版的《王力文集》第五卷收入《汉语音韵》(后称"文集本"),该卷由唐作藩先生负责编校。

《音韵学初步》与《汉语音韵》均是为初学者写的深入浅出的读物,1980年由商务印书馆出版(后称"商务本"),1986年山东教育出版社出版的《王力文集》第五卷收入(后称"文集本"),该卷由唐作藩先生负责编校。

此次收入《王力全集》,《汉语音韵》我们以中华本为底本,同时参以文集本进行了整理和编辑;《音韵学初步》则以文集本为底本,参以商务本而进行了整理和编辑。

中华书局编辑部

2013年8月

总　目

汉语音韵

目　录

小　引

　　汉语音韵学是研究汉语语音系统的科学。音韵学和语音学不同：语音学是对语音的客观描写，有时还利用各种实验方法来证明语音的生理现象和物理现象；音韵学则是把语音作为一个系统来观察，它研究各种语音现象之间的相互关系。语音学既然把语音当作生理现象或物理现象来研究，因此有所谓普通语音学，讲述发音器官的作用、各种语音的构成，那是适用于全人类的，只是每一个民族的具体语言还有自己的一些语音特点罢了。至于音韵学，则不可能有"普通音韵学"，因为音韵总是属于一种具体语言的，它具有很显著的民族特点，甲语言的语音系统决不可能跟乙语言的语音系统相同。

　　但是，音韵学又是跟语音学有密切关系的。不能想象，一个人不懂发音的道理而能把音韵学研究好。因此，我们又可以说，语音学是音韵学的基础。

　　汉语音韵学已经有了一千多年的传统，它有自己的一套理论和术语。我们应该用现代的语音学的理论和术语去说明它。我们不能抛开古代的理论和术语不管，因为我们必须把音韵学这份文化遗产继承下来。

　　我们为什么要研究汉语音韵学呢？

　　我们研究现代汉语音韵学，是为了了解现代汉语语音的严密的系统性，以便更好地掌握现代汉语的语音，有利于语言实践。

　　我们研究古代汉语音韵学,因为它是与汉语史有密切关系的一个语言学部门。必须先深入研究了古代汉语音韵学,然后有可能研究汉语语音发展的历史。

　　音韵学也跟文字学有密切关系。有狭义的文字学,有广义的文字学。前者专门研究文字的形体;后者则研究字形、字音和字义。从广义看,音韵学又包括在文字学之中。文字学的旧名是"小学",原来是一种识字的功课。古代的学者认为读书必先识字,因为有些古书的时代距离现代很远了,书中的文字,无论从字形方面看、从字音方面看、从字义方面看,都有许多是我们所不认识的了。而且汉字的形、音、义是有机地联系在一起的,假如不懂古音,则古代的字形和字义也会不懂,或者是懂得不透彻。古人把文字(字形)、音韵(字音)、训诂(字义)看成是继承祖国文化遗产所必备的基础知识,那是很有道理的。

　　中国传统音韵学一向被认为是艰深的学问,甚至被称为是"绝学"。其实古代的一套音韵学理论和术语,如果拿现代语音学的理论和术语来对比,加以说明,也就变为比较易懂,甚至是很好懂的东西了。当然,由于时代的局限,在传统音韵学中,也有一些含糊的甚至是错误的理论,和一些玄虚的、缺乏科学根据的术语,我们在这一本小书中,或者是提出来批判,或者是索性略去不提。我们力求把汉语音韵学讲得浅显一些,同时也不能因为要求浅显而损害它的科学性。希望这一本小书能够沟通古今,使读者对汉语音韵学能够得到比较全面的基础知识。

第一章　语音学常识

　　人类的发音器官,主要有三个部分:第一是肺,第二是声带,第三是口腔。人类的发音,也必须经过三个步骤:第一是呼气,第二是成声,第三是构音。呼气是肺所起的作用,成声是声带所起的作用,构音主要是口腔所起的作用。

　　肺好像一个风箱,它管人类的呼吸,也管人类的发音。发音一般只用呼气,极少用吸气。没有肺的呼气就不可能有语音,正如没有人的吹气,笛子不会自己发音一样。肺对发音虽然这样重要,语音学并不以肺作为研究对象,因为单靠肺的呼气也不能成声,而各种语音的区别也不是靠肺的动作来区别的。但是,呼气的量则是跟语音的强弱发生关系的。同一种语音,如果它的高度不变,呼气量的大小和语音的强弱就成为正比例。在语音实验中,音的强弱表现为振幅的大小。

　　声带是发音所赖以实现的一种器官。声带形似两唇,在喉头里边;它们是富有弹性的,能左右分开或合拢。声带的中间叫做声门。当我们发音的时候,声带合拢,声门紧闭,肺里呼出的气流从一对声带当中挤出来,使声带颤动,这样就令人听见正常的"人声"。声带的紧或松和语音的高低成正比例。注意:这里讲的高低是音乐上所谓高低,是频率的关系,不是指大声或细声。

　　单靠呼气作用和成声作用(声带作用),还不能构成各种不同的语音,还要靠第三个步骤——构音作用,使语音具有各种不同的音色。构音作用主要是利用口腔各种不同的形式来造成的。

大家知道,音波需要有共鸣器与之共鸣,然后能使声音加强,令人能够听见。口腔正是一种共鸣器,而舌头位置移动则是用来调节这个共鸣器的。通常我们以为人用舌头来说话,这虽然不完全正确,却不是没有道理的。由于舌头位置的移动,就可以形成各种不同的共鸣器,因而形成各种不同的音色。

音乐上有乐音和噪音的分别。乐音听起来令人感到是单一性的,有一定的音高。噪音听起来正相反,令人感到是非单一性的,音高不容易确定。语音学上把语音分为两大类:元音和辅音。元音都是乐音,发音时舌头翘起最高的时候也不至于接触到上腭,口腔有足够的孔道让气流自由地通过。辅音都是噪音或主要成分是噪音,发音时舌头、嘴唇、小舌等把口腔塞住了然后突然放开,或者是只留狭窄的孔道让气流挤出来。

元音　最普通的元音是舌面元音。舌面翘起时,其前后高低的变化,形成了各种元音。舌面平放,差不多像没有发音时的状态,这是一个[A]音,我们把它叫做中性[A]。舌面的前部翘起,由低到高的顺序是[a][ɛ][e][i];舌面的后部翘起,由低到高的顺序是[ɑ][ɔ][o][u];舌面的中部翘起,比较常见的只有一个[ə]。就嘴唇的情况说,前元音和中元音往往是不圆唇的;后元音往往是圆唇的。但是,前元音也有圆唇的,如跟[ɛ]相当的圆唇元音是[œ],跟[e]相当的圆唇元音是[ø],跟[i]相当的圆唇元音是[y];后元音也有不圆唇的,跟[ɔ][o][u]相当的不圆唇元音是[ʌ][ɣ][ɯ]。

上述的元音发音时,都只有一个共鸣器,这就是口腔。假定发音时软腭下垂,让气流从口腔和鼻腔同时都通过,引起口腔和鼻腔的同时共鸣,那么又形成鼻化元音,如[ã][ẽ][ɔ̃][õ]等。

　　除了舌面元音之外,还有舌尖元音和卷舌元音。舌尖元音[ɿ]只出现在舌尖辅音[ts][ts'][s]的后面,[ʅ]只出现在舌尖辅音[tʂ][tʂ'][ʂ]的后面(关于这些舌尖辅音,参看下文)。[ɿ]的发音部位跟[s]相仿,[ʅ]的发音部位跟[ʂ]相仿,只不过把舌尖降低一点,使带有元音的性质罢了。舌尖元音[ɚ]是北京话及某些汉语方言里的一种特殊的元音,发音时舌头的位置比中部元音[ə]稍前,舌尖向硬腭前部翘起,带有卷舌的[r]的色彩。

　　跟音乐里的乐音一样,语音中的元音具有四种要素:即(1)音色;(2)音长;(3)音强;(4)音高。音色是共鸣器的关系;音长是时间的关系;音强是振幅的关系;音高是频率的关系。在汉语里,每一个字都有它的声调。声调主要是音高的高低起伏的关系,同时也跟音长有关。北京话和某些汉语方言还有一种轻声,它们跟音长、音强、音高、音色都有关系,轻声字比一般字音较短、较弱,而其音高、音色也跟字音重读时有所不同。

　　两个或三个元音相结合,成为复合元音。复合元音不等于平行的两个元音或三个元音。两个元音复合时,或者是前一个元音较长、较强,后一个元音较短、较弱,例如"爱"[ai];或者是前一个元音较短、较弱,后一个元音较长、较强,例如"列"[liɛ]。三个元音复合时,则是中间的元音较长、较强,两头两个元音较短、较弱,例如"辽"[liau]、"桂"[kuei]。注意:复合元音中,较短、较弱的元音一般总是最高元音[i][u][y],但是实际读音不一定达到最高的程度,也可能只达到了[e][o][ø]的位置。

　　辅音 从物理学上说,辅音之所以区别于元音,是因为元音是乐音,辅音是噪音,或者是以噪音为主要成分的音,上文已经讲过了。从构音方式上说,辅音之所以区别于元音,是因为元音发音的时候气流在口腔中通行无阻,而辅音发音的时候,气流在口腔中受到某种阻碍的缘故。

从阻碍的性质看,辅音分为两大类:第一类是全阻,称为闭塞音,又叫破裂音,实际上是先闭塞而后破裂,发音时口腔被塞住了,然后突然放开,令人有破裂的感觉,如[p][t][k]等;第二类是半阻,称为紧缩音,发音时口腔并不塞住,而是留着狭窄的孔道让气流挤出来,如[f][s]等。闭塞音不能持续,一破裂就算结束,所以如果没有元音相伴,单发一个闭塞音是不容易被人听见的;紧缩音可以持续,所以即使没有元音相伴,单发一个紧缩音也能令人很清楚地听见。

紧缩音又可以大致分为四种:(1)摩擦音,发音时口腔的孔道狭窄,令人感到摩擦的声音,如[f][s]等。(2)边音,发音时舌头的中间部分翘起,让气流从两边的孔道出来,如[l]。(3)颤音,发音时舌尖或小舌颤抖,使口腔孔道多次开闭,如[r]。颤音也有不颤抖的,只是发音器官有弹性部分轻轻一闪,如英语的r。有人把不颤抖的r叫做闪音。普通话里也有一种r,和英语的r颇相仿佛,只是发音时舌尖卷向前腭。我们把普通话里的r标音为[ɻ]。(4)半元音。半元音是处在元音和辅音的交界线上的,可以认为是高元音的转化,发音时舌头翘起超过了元音的高度,使舌面跟上腭有轻微的接触,发生一种轻微的摩擦音。原则上,一切最高元音都可以转化为半元音,但是常见的半元音只有三个:跟[i]相当的是[j],跟[u]相当的是[w],跟[y]相当的是[ɥ]。汉语以[i][u][y]起头的字,实际上是以半元音起头,汉语拼音字母写作 y(=[j])、w(=[w])、yu(=[ɥ]),如"羊"yang、"文"wen、"园"yuan。由于这种语音常常是很快地滑过去的,自己不能构成音节,所以现代语音学家一般都把它们归入辅音一类。应该算是一种紧缩音。

上文说过,辅音发音时,气流在口腔中受到阻碍。阻碍就是一种构音作用。但是,发生阻碍以后,必须除去阻碍,然后辅音才完成它的过程。语音学家把这个过程分为三个阶段:即(1)成阻;(2)

持阻;(3)除阻。原则上,一切辅音的形成都有这三个阶段,但是在闭塞音的构音过程中,这三个阶段特别明显。有一种闭塞音,只有成阻、持阻,而没有除阻。并不是始终不除去阻碍,而是说它不是突然放开,所以令人感觉不到它的除阻阶段。这种闭塞音有一个专名叫做唯闭音。广州话的"鸭"［ap］、"压"［at］、"轭"［ak］,尾音的［p］［t］［k］就是唯闭音。

　　闭塞音和摩擦音结合,成为一种塞擦音。塞擦音发音时,成阻阶段是闭塞音,除阻阶段是同部位的摩擦音,如［pf］［ts］［tɕ］等。塞擦音是一个整体,而不是两个辅音的平列(复辅音)。国际音标没有为塞擦音特制音标,所以写成了两个字母,我们不可因此误会为两个音。有人在两个字母下面加一个相连号,表示是一个整体,写成［p͡f］［t͡s］［t͡ɕ］。也有人把两个字母连起来写,如［ʤ］①。

　　以上所述,都是从口腔发出的辅音;此外还有一种鼻音。鼻音发音的时候,软腭下垂,气流从鼻腔中出来,如［m］［n］等。鼻音也是闭塞音之一种。但是鼻音能够持续,和一般闭塞音不同。

　　从声带的作用看,辅音分为两大类:第一类是清音,第二类是浊音。清音发音时,声带不颤动,叫做不带音,如［p］［t］［k］［f］［s］等;浊音发音时,声带颤动,叫做带音,如［b］［d］［g］［v］［z］等。边音、颤音、闪音、鼻音等,一般也都是浊音。

　　从除阻时呼气的强度看,辅音又可以分为不送气和送气两类。由于闭塞音的除阻阶段特别明显,所以不送气和送气的分别一般只限于闭塞音和塞擦音。除阻时,马上就来一个元音,叫做不送气;除阻时,不马上来一个元音,而是先来一股强烈的气流,再接上元音,叫做送气。在汉语中,送气不送气的区别非常重要。我们用［'］作为送气的符号,例如跟"班"［pan］相当的送气音是"攀"

---

① ［ʤ］是［tʃ］的浊音。

[p'an]，跟"单"[tan]相当的送气音是"滩"[t'an]，跟"簪"[tsan]相当的送气音是"餐"[ts'an]，跟"干"[kan]相当的送气音是"刊"[k'an]，等等。

半元音、鼻音、边音、颤音，都被称为响音，因为它们是乐音成分占优势，比较接近元音的音。除半元音外，其他响音都有可能自成音节，如广州的"唔"[m̩]（"｜"表示辅音的元音化）。了解响音的元音性，对汉语音韵学来说是异常重要的（参看下文）。

以上所讲的，都是辅音的发音方法；下面我们再谈一谈辅音的发音部位。结合汉语的情况来谈，从发音部位看，辅音可以分为下列的八类：

（1）双唇音 发音时双唇紧闭，然后突然放开。双唇音一般是闭塞音，如[p][p'][b'][m]。例字：北京话"包"[pau]、"抛"[p'au]、"猫"[mau]，上海话"袍"[b'ɔ]。

（2）唇齿音 发音时上齿和下唇接触。唇齿音一般是摩擦音，如[f][v]。例字：北京话"分"[fən]，上海话"文"[vən]。

（3）齿音 发音时舌尖抵住前齿龈，如[t][t'][d'][n][l]。例字：北京话"刀"[tau]、"滔"[t'au]、"挠"[nau]、"劳"[lau]，上海话"桃"[d'ɔ]。齿音又有塞擦音和摩擦音，发音时舌尖抵齿，比[t][t'][n][l]的部位稍前，如[ts][ts'][s][z]。例字：北京话"糟"[tsau]、"操"[ts'au]、"骚"[sau]，上海话"曹"[zɔ]。按：这种塞擦音和摩擦音的发音部位也可以与[t][t'][n][l]的发音部位相同，所以不细分为两类。

（4）卷舌音 发音时舌尖卷向前腭。一般是塞擦音和摩擦音，如[tʂ][tʂ'][ʂ]。例字：北京话"招"[tʂau]、"抄"[tʂ'au]、"烧"[ʂau]。在卷舌音中还包括一种闪音，即[ɽ]。例字：北京话"饶"[ɽau]。

（5）舌叶音 发音时舌面边缘跟上臼齿接触，舌面向硬腭翘起,如[tʃ][tʃʻ][dʑʻ][ʃ][ʒ]。例字:广州话"蕉"[tʃiu]、"秋"[tʃʻau]、"烧"[ʃiu]。

(6)舌面音　发音时舌面前部向齿龈和前腭翘起,如[tɕ][tɕʻ][dʑʻ][ɕ]。例字:北京话"骄"[tɕiau]、"敲"[tɕʻiau]、"萧"[ɕiau],上海话"桥"[dʑʻiɔ]。

(7)舌根音　发音时舌面后部向软腭翘起,舌根闭塞音有[k][kʻ][gʻ][ŋ]。例字:北京话"高"[kau]、"考"[kʻau]、"昂"[aŋ],上海话"狂"[gʻuõ]、"熬"[ŋɔ]。按:[ŋ]是与[g]相当的鼻音。舌根摩擦音有[x][ɣ]。例字:北京话"好"[xau]、"饿"[ɣɤ]。

(8)喉音　发音部位在喉头。有闭塞音,有摩擦音。喉塞音发音时,声带合拢,声门紧闭,然后突然放开,国际音标写作[ʔ]。例字:广州"安"[ʔɔn],上海"屋"[ɔʔ]。喉擦音实际上就是呼气,不过呼气呼得重些,带着摩擦音的性质,即[h]。例字:上海话"好"[hɔ]。还有一种浊喉擦音,写作[ɦ]。发音时,声带颤动和元音一般,但是由于呼气呼得很重,带着摩擦的性质。例字:上海话"豪"[ɦɔ]、"遥"[ɦiɔ]。

舌头是非常灵活的发音器官,它所可能接触的部位决不止上述的五类(八类之中,第一、二类和第八类与舌头无关)。舌头之外还有小舌也能发音。但是,为了汉语音韵学的需要,像这样简单的叙述也就够了。

下面是一个汉语语音简表,借此把上文所叙述的东西总结一下。表中所列的是普通话里的语音和本书中所提到的一些语音,还有少数是连类附及的音。表中清浊音平列。括号(　)表示圆唇(见下页)。

上文所用的音标,凡带有括号[　]的,都是国际音标(语音表中把括号省掉)。国际音标和汉语拼音字母有所不同。国际音标要求准确,所以用了许多特制的音标;汉语拼音字母要求便利,所

汉语语音表

		双唇	唇齿	齿	卷舌	舌叶	舌面	舌根	喉
辅音	闭塞 不送气	p		t			ȶ	k	ʔ
	闭塞 送气	p' b'		t' d'			ȶ' ȡ'	k' g'	
	塞擦 不送气	pf		ts	tʂ	tʃ	tɕ		
	塞擦 送气			ts' dz'	tʂ' dʐ'	tʃ' dʒ'	tɕ' dʑ'		
	摩擦		f v	s z	ʂ ʐ	ʃ ʒ	ɕ ʑ	x ɣ	ɦ
	鼻音	m		n			ɲ	ŋ	
	边音			l					
	闪音			ɾ	ɽ				
	半元音	(w)(ɥ)			ɻ		j ɥ	w	
元音	高	(y)(u)					前 i y	中 后 ɯ u	
	半高	(ø)(o)			ɚ		e ø	e ɤ o	
	半低	(œ)(ɔ)		ɿ	ʅ		ɛ œ	ʌ ʌ ɔ	
	低						æ a	a A ɑ	

以限定只用 26 个字母(实际上是 25 个字母,因为 v 是备而不用的)。汉语拼音字母跟国际音标不同之处主要是下面所讲的几点:

(1)[ɿ][ʅ][i]一律写作 i,因为[ɿ][ʅ]跟[i]性质相近,而它们出现的地方[i]不会出现。

(2)[ɤ][ə][ɛ][e]一律写作 e,因为它们的性质比较相近,而又不会在同一场合出现。

(3)[ɚ]写作 er,这是用双字母代表一个单纯的音素。

(4)[y]写作 ü(仿照德文),但除了在 n、l 后面以外,ü 上的两点可以省去,因为在其他情况下 ü 和 u 是不会冲突的。

(5)[ɑu]写作 ao,[uŋ]写作 ong,以 o 代 u 只是为了少用 u,因为 u 的手写体容易跟 n 相混。

(6)送气符号[ʻ]不便于书写,所以汉语拼音字母一律不用送气符号,以 p、t、k 代表[pʻ][tʻ][kʻ];同时,又改用 b、d、g 来代表[p][t][k]。因此,汉语拼音字母中的 b、d、g 并不表示浊音。

(7)[tɕ][tɕʻ][ɕ]不便于书写,改用了 j、q、x。注意:汉语拼音字母的 j 并不代表半元音[j],x 不代表舌根摩擦音[x]。

(8)[ts][tsʻ]写作 z、c,是为了少用双字母。注意:汉语拼音字母的 z 并不代表齿摩擦浊音[z]。

(9)[tʂ][tʂʻ][ʂ]不便于书写,改用了双字母 zh、ch、sh。这样,zh、ch、sh 和 z、c、s 正好两两配对,h 在这里表示卷舌作用。

(10)[ɻ]不便于书写,改用了 r。这是很合理的。上文说过,[ɻ]实际上是[r]的变种。

(11)[x]用 h 表示,因为[h]和[x]性质相近。

(12)[ŋ]在 26 个字母之外,所以改用双字母 ng。

下面再列两个对照表,以帮助读者更好地了解汉语拼音字母和国际音标的异同,同时也更好地掌握语音学的基础知识。

（甲）元音对照表

拼音字母	国际音标	例　字
a 1.一般	[ʌ]	拉 la[lʌ]
2.在 i 和 n 的中间	[ɛ]	连 lian[liɛn]
o 1.在 u 的后面或单用	[o]	罗 luo[luo]　磨 mo[mo]①
2.在 a 的后面和 ng 的前面	[u]	劳 lao[lau]　龙 long[luŋ]
e 1.一般	[ɤ]	乐 le[lɤ]
2.在 i 的前面	[e]	雷 lei[lei]
3.在 i、ü 的后面	[ɛ]	列 lie[liɛ]　略 lüe[lyɛ]
4.在 n、ng 的前面	[ə]	根 gen[kən] 冷 leng[ləŋ]
er	[ɚ]	儿 er[ɚ]
i 1.一般	[i]	离 li[li]
2.在 zh、ch、sh、r 后面	[ʅ]	诗 shi[ʂʅ]
3.在 z、c、s 后面	[ɿ]	思 si[sɿ]
u	[u]	卢 lu[lu]
ü	[y]	驴 lü[ly]②

（乙）辅音对照表

拼音方案	国际音标	例　字
b	[p]	巴 ba[pʌ]
p	[p']	怕 pa[p'ʌ]

① 唇音后面的 o 常常读成 uo,在汉语音韵学也该认为 uo,参看下文 23 页注①。
② 汉语拼音方案规定:ü 在跟 j、q、x 拼的时候,ü 上的两点可以省略。

拼音方案	国际音标	例 字
m	[m]	妈 ma[mA]
f	[f]	发 fa[fA]
d	[t]	达 da[tA]
t	[t']	他 ta[t'A]
n	[n]	拿 na[nA]
l	[l]	拉 la[lA]
z	[ts]	杂 za[tsA]
c	[ts']	擦 ca[ts'A]
s	[s]	撒 sa[sA]
zh	[tʂ]	闸 zha[tʂA]
ch	[tʂ']	叉 cha[tʂ'A]
sh	[ʂ]	沙 sha[ʂA]
r	[ɻ]	如 ru[ɻu]
j	[tɕ]	家 jia[tɕiA]
q	[tɕ']	恰 qia[tɕ'iA]
x	[ɕ]	虾 xia[ɕiA]
g	[k]	瓜 gua[kuA]
k	[k']	夸 kua[k'uA]
h	[x]	花 hua[xuA]
ng(在元音后面)	[ŋ]	昂 ang[aŋ]
y ┌1.一般	[j]	因 yin[jin]
└2.在 u 的前面	[ɥ]	云 yun[ɥyn]①
w	[w]	王 wang[waŋ]

---

① 在音韵学上,yin 被认为 in,yun 被认为 yn,不算是半元音开头,而算是元音开头。参看下文第 24 页。

讲到这里,都只讲的是语音学方面的知识,还没有讲到音韵学,但是这些语音学知识又是音韵学所必需的基础。从下章起,就正式讲到音韵学了。

第二章　现代汉语的语音系统

汉语语音学把语音当做一种生理现象和物理现象来研究,汉语音韵学则把语音作为一种交际工具来研究。语音学上许多细微的辨析,到了音韵学上,都成为不必要的了,例如"根"[kən]里的[k]和"观"[kuan]里的[k],实际的发音部位和发音方法都不尽相同:前者的部位较前,后者的部位较后;前者不带圆唇,后者带圆唇。音韵学家对于这些现象没有兴趣,因为某一语音受前后语音的部位和方法所影响而稍为改变自己的部位和方法("根"中的[k]受[ə]的影响而部位移前,"观"中的[k]受[u]的影响而部位移后并圆唇),那是生理上的自然现象,并非由于语言交际上的要求,假定[k]的发音部位和发音方法始终不变,也不会令人误会为别的语音,使交际受到影响。元音方面也是一样。在普通话里,uei和uen在舌根音的后面时,或在齿音后面而读上声或去声时,其中的e比较明显;若在齿音后面而读阴平声或阳平声时,其中的e比较模糊,听起来很像[ui][un]①。又iou在读阴平或阳平时,其中的o也比较模糊,听起来很像[iu]。又如ian中的a,因受前元音i的影响,实际上已经变为[ɛ]。这些变化在音韵学上都是可以不必措意的。当然,在学习语言的时候,语音学的细微辨析是有用的,

---

① 参看下文第25页。

它可以帮助人们把语言学得更像。但是,这种细微辨析对于音韵学来说是多余的,甚至是有害的,因为容易模糊了语音的系统性,强调了非本质性的区别,把同一个语音的各个变体看成是不同的几个语音去了。

以上所讲的道理构成了音位的理论。很粗地说,音位就是具有某些变形的同一语音,而这些变形是在特定条件下产生的,并不因为变形而变更了意义。音位是随语言而不同的,例如在英语里,送气不送气不产生辨义作用,不送气辅音是送气辅音的变形,即[p]是[p']的变形,[t]是[t']的变形,[k]是[k']的变形,它们两两地成为同一音位;在汉语里,送气不送气产生辨义作用,"怕"[p'a]不同于"霸"[pa],"叹"[t'an]不同于"蛋"[tan],"考"[k'au]不同于"搞"[kau],它们成为不同的音位。同样,音位又是随方言而不同的,例如在上海话里,清浊音产生辨义作用;在北京话里(即在普通话里),清浊音不产生辨义作用,北京的闭塞音有时受前面的语音的影响也可能变为浊音(如"扁豆"[piɛndou]里边的[d]),但那只是清音的变形,不是辨义的,不构成独立的音位。

汉语拼音方案正是基本上应用了音位学的理论,使现代汉语显出它的严密的系统性。下文我们也将要应用音位学的理论来讲述汉语音韵学。

在汉语音韵学上,音节的概念非常重要。汉语在古代曾经是单音词占优势的语言。所谓单音词,就是一个词只有一个音节。在现代汉语里,双音词占了多数,但是这些双音词从来源说也是单音词的复合,所以每一个音节都有它的相对独立性。一个音节表现为一个字。

依照传统的说法,每一个音节都有一个元音,元音的前后可以有辅音或半元音①。就汉语来说,元音的音高的升降和音长的总和形成了声调。因此,汉语音韵学规定,每一个字都有声、韵、调。声是声母,韵是韵母,调是声调。现在从音韵学的观点上,对声母、韵母、声调三方面分别加以叙述。

一、声母

声母和辅音是两个不同的概念。辅音是语音学名词,声母是音韵学名词。它们所指的东西虽然大致是相同的,但是它们所根据的原则是完全不同的。

声母是音节的第一个音素,每一个字都有它的声母。辅音作为声母,这是大多数的情况。但是也有元音开头的字,例如:

　　　　鹦[iŋ]　　鹉[u]　　云[yn]　　霭[ai]
习惯上把这一类声母叫做零声母。零声母只算一类,不再区别它拿什么元音开头。

声母既然是音节的第一个音素,那么,字尾的辅音就不能看做是声母,例如"安"[an]、"全"[tɕʼyan]、"昂"[aŋ]、"藏"[tsʼaŋ],其中的[n]和[ŋ]就不是声母。普通话里的[ŋ]只用于字尾,不用作音节的第一个音素,因此,[ŋ]永远不充当声母。

现代汉语共有 22 个辅音。在 22 个辅音当中,去掉一个[ŋ],加上一个零声母,总数仍是 22 个声母。

为了便于记忆,我们编了一首 22 字的《太平歌》(这是半首《卜算子》),作为 22 个声母的代表字:

---

① 有时候,m、n、ŋ、l、r 等辅音也能单独构成音节,如上海的"五"[ŋ̩],广州的"唔"[m̩],这是因为这些辅音是所谓响音,带有元音的性质。

太平歌

子夜久难明, 喜报东方亮。

此日笙歌颂太平, 众口齐欢唱。

这 22 字所代表的声母是:

唇音:	报[p]	平[p']	明[m]	方[f]
齿音(塞):	东[t]	太[t']	难[n]	亮[l]
舌根音:	歌[k]	口[k']	欢[x]	
舌面音:	久[tɕ]	齐[tɕ']	喜[ɕ]	
卷舌音:	众[tʂ]	唱[tʂ']	笙[ʂ]	日[ɻ]
齿音(塞擦、擦):	子[ts]	此[ts']	颂[s]	
元音:	夜○①			

二、韵母

汉语音韵学把一个音节分为两部分, 即声母和韵母。声母在前, 韵母在后, 韵母是字音中声母以外的部分。

韵母可以分为单韵母和复韵母两大类。单韵母共有七个, 即:

$$[i]\ ï([ɿ][ʅ])\ [u]\ [y]\ [a]\ [ɤ]\ [ɚ]$$

例如:

[i]:	离[li]	奇[tɕ'i]
ï:	诗[ʂʅ]	词[ts'ɿ]
[u]:	路[lu]	途[t'u]
[y]:	纡[y]	徐[ɕy]
[a]:	发[fa]	达[ta]
[ɤ]:	德[tɤ]	泽[tsɤ]
[ɚ]:	儿[ɚ]	二[ɚ]

---

① 　○代表零声母。

　　复韵母有些是加韵头的。韵头只有三种,即[i]头、[u]头、[y]头,例如:

　　　　[i]头:　　家[tɕia]　　街[tɕiɛ]

　　　　[u]头:　　瓜[kua]　　果[kuo]　　婆[pʻuo]①

　　　　[y]头:　　雪[ɕyɛ]　　原[yan]

有些是加韵尾的。在普通话里,韵尾只有四种,即[i]尾、[u]尾、[n]尾、[ŋ]尾,例如:

　　　　[i]尾:　　蔡[tsʻai]　　雷[lei]

　　　　[u]尾:　　曹[tsʻau]②　周[tʂou]

　　　　[n]尾:　　陈[tʂʻən]　　韩[xan]

　　　　[ŋ]尾:　　程[tʂʻəŋ]　　唐[tʻaŋ]　　宋[suŋ]

有些是既加韵头,又加韵尾的,例如:

　　　　[uai]:　　怀[xuai]　　帅[ʂuai]

　　　　[uei]:　　归[kuei]　　水[ʂuei]

　　　　[iau]:　　挑[tʻiau]　　妙[miau]

　　　　[iou]:　　流[liou]　　求[tɕʻiou]

　　　　[iɛn]:　　连[liɛn]　　先[ɕiɛn]

　　　　[uan]:　　关[kuan]　　钻[tsuan]

　　　　[yan]:　　卷[tɕyan]　　玄[ɕyan]

　　　　[uən]:　　寸[tsʻuən]　　论[luən]

　　　　[iaŋ]:　　良[liaŋ]　　祥[ɕiaŋ]

　　　　[uaŋ]:　　黄[xuaŋ]　　广[kuaŋ]

　　　　[iuŋ]:　　穷[tɕʻiuŋ]　　雄[ɕiuŋ]

　　　　[uəŋ]:　　翁[uəŋ]

---

①　汉语拼音方案为了简便起见,唇音后的 uo 一律写作 o。

②　"曹"等字的韵母[au],汉语拼音方案写作 ɑo。

这样,每一个音节最多不超过四个音素,而且韵头与韵尾形成了整齐的局面。[n]和[ŋ]作为韵尾,其作用与元音收尾差不多,因为[n]和[ŋ]都是所谓响音,带有元音的性质。声调不但寄托在元音上头,而且还寄托在韵尾[n][ŋ]上头。韵尾[n]与韵尾[i]配对([i]是前元音,[n]是齿音);韵尾[ŋ]与韵尾[u]配对([u]是后元音,[ŋ]是后腭辅音),也是很整齐的。

汉语音韵学按照韵头的不同和主要元音的性质,把韵母分为四呼:

1. 没有韵头而主要元音不是[i][u][y]的,叫做开口呼,如"南"[nan]、"北"[pei];

2. 有韵头[i]的,或者主要元音是[i]的,叫做齐齿呼,如"九"[tɕiou]、"七"[tɕ'i];

3. 有韵头[u]的,或者主要元音是[u]的,叫做合口呼,如"黄"[xuaŋ]、"红"[xuŋ];

4. 有韵头[y]的,或者主要元音是[y]的,叫做撮口呼,如"雪"[ɕyɛ]、云[yn]。

我们做诗是按照韵部押韵的。韵部和韵母不同:韵母包括韵头(如果有韵头的话),而韵部不包括韵头。不同韵头的字,只要主要元音和韵尾相同(如果有韵尾的话),就算是韵部相同,可以互相押韵了,例如:

田　家

范成大

昼出耘田夜绩麻([ma]),
村庄儿女各当家([tɕia])。
童孙未解供耕织,
也傍桑阴学种瓜([kua])。

音韵学的标准和语音学的标准不同:音韵学并不要求韵母的

主要元音完全一致，音色近似的元音也可以认为是属于同一个韵部。下面我们分别叙述划分韵部的标准：

ɿ和[i]被认为是同一个韵部。本来，ɿ本身就包括两个不同的元音：[ɿ]和[ʅ]。但是，这两个元音的位置是跟前面辅音的位置相一致的，[ts][tsʻ][s]后面只能有[ɿ]不能有[ʅ]；[tʂ][tʂʻ][ʂ][ʐ]后面只能有[ʅ]，不能有[ɿ]，可见[ɿ]和[ʅ]实为一体，它们是互相补足的。至于[i]和ɿ，它们也是互相补足的：[ts][tsʻ][s]，[tʂ][tʂʻ][ʂ][ʐ]后面不能有[i]，其余辅音后面不能有ɿ，而它们的音色又相近似，所以被认为是同一个韵部①。汉语拼音方案把ɿ和[i]一律写成i，是有理由的。

[y]和[i]有时候也被认为是同一个韵部，因为它们都是前高元音，发音部位是一样的②。

[ɤ]和[o]被认为是同一个韵部。[ɤ]和[o]不相对立：[ɤ]只用于开口呼，[o]只用于合口呼③，互相补足。

[an][iɛn][uan][yan]被认为是同一韵部。[iɛn]是实际读音，但是，既然不另有[ian]跟它对立，我们尽可以把它看成[ian]。汉语拼音方案把它写成ian是合于音位原则的。

[ən][uən][in][yn]被认为是同一韵部。[uən]中的[ə]是或隐或现的：在阴平、阳平的齿音字上，[ə]音非常模糊，简直等于[un]，例如"村"[tsʻun]、"存"[tsʻun]、"吞"[tʻun]、"豚"[tʻun]④，但是音韵学家是不计较这些区别的。汉语拼音方案把辅音后的

① 这是指普通话而言。在许多方言里，[ts][tsʻ][s]后面都有[i]。在那些方言里ɿ与i就不能认为同一音位，也不能认为同一韵部。元曲中的ɿ与i分为两个韵部，就是这个道理。参看下文。

② 参看上文。

③ 感叹词"哦"字是例外。

④ [uəi]也有同样的情况：在阴平、阳平的齿音字上，[ə]音非常模糊，简直等于[ui]，例如"随"[sui]、"堆"[tui]。

[uən]省写为 un，是合于音位原则的。[in]和[yn]虽然实际上没有读成[iən]和[yən]，但是传统音韵学把它们认为是[ən]的齐齿呼和合口呼，它们的音色是跟[iən][yən]相近的。

[əŋ][iŋ][uəŋ][uŋ][iuŋ]被认为是同一个韵部①。[iŋ]是[əŋ]的齐齿呼，事实上也有人说成[iəŋ]，不过[iŋ][iəŋ]可以互换罢了。[uəŋ]是[əŋ]的合口呼没有问题，它在普通话里和[uŋ]是互换音位，在零声母是[uəŋ]（"翁"），在辅音后是[uŋ]（"公"）。[iuŋ]被认为是[yŋ]，作为[əŋ]的撮口呼。

有韵尾的韵部共有两大系统，即 a 系统和 ə 系统。ei 被看成是əi，ou 被看成是 əu。这样，列成韵表就很整齐了：

a 系统	ə 系统
ai	əi
au	əu
an	ən
aŋ	əŋ

北方曲艺押韵有所谓十三辙，也就是十三个韵部。十三辙正是根据上面所述的分韵标准，按照普通话的语音系统来分的。十三辙的名称是：

1. 中东　　2. 江阳　　　　3. 衣期　　　4. 姑苏
5. 怀来　　6. 灰堆　　　　7. 人辰　　　8. 言前
9. 梭波　　10. 麻沙（发花）　11. 乜斜（叠雪）　12. 遥迢
13. 由求

下面是十三辙的韵母全表（见下页）。

ɚ 因字少（常用的字只有"儿、耳、二"等），不能自成一个韵部。十三辙以外还有"小言前儿"和"小人辰儿"，指的是言前辙和人辰

---

① 但是，在古代则[uŋ]与[əŋ]不同韵部。参看下文第四章。

辙的儿化韵①。

十三辙韵母表

辙 ＼ 类呼		低　次低　次高元音				高元音			
		开	齐	合	撮	开	齐	合	撮
无尾韵母	麻 沙	a 麻	ia 家	ua 花					
	乜 斜		iɛ 斜		yɛ 雪				
	梭 波	ɤ 歌		uo 波					
	衣 期					ï 时	i 期		y 居
	姑 苏							u 姑	

辙 ＼ 类呼			a　系　统				ə　系　统			
			开	齐	合	撮	开	齐	合	撮
有尾韵母	i尾	怀 来	ai 来		uai 怀					
		灰 堆					əi 飞		ui 灰	
	u尾	遥 迢	au 桃	iau 遥						
		由 求					əu 抽	iu 求		
	n尾	言 前	an 干	ian 前	uan 关	yan 全				
		人 辰					ən 人	in 林	un 村	yn 君
	ŋ尾	江 阳	aŋ 郎	iaŋ 江	uaŋ 光					
		中 东					əŋ 成	iŋ② 英	uŋ 东	yŋ 雄

① 有时候,小言前儿还包括麻沙、怀来两辙的儿化韵,小人辰儿还包括衣期、灰堆两辙的儿化韵。

② 在京剧里,əŋ、iŋ改唱 əne、in,归入人辰辙。

三、声调

普通话共有四个声调：即阴平声（如"妈"）、阳平声（如"麻"）、上声（如"马"）、去声（如"骂"）。声调的不同，是由于语音的高低升降的不同。这是相对的音高，不是绝对的音高，所以我们不可能规定声调的频率，而只能描写它们的高低升降的形状，如下图：

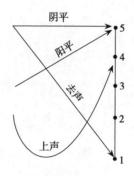

此外还有一种轻声。轻声是轻读的、音高比较模糊的一种调子，往往用于虚词以及某些双音词的第二音。

两个字相接触，有时候会产生声调的替换。最明显的是两个上声字相遇，前一字变为阳平（如"好马"说成"豪马"）。习惯上把这种情况叫做变调。

字调之外还有语调。在连续的言语里，语调有很多变化，跟单念的字调颇不相同。

从音韵学的观点看声调，就不管变调和轻声。历来传统音韵学只讲字调，不讲语调。

依照唐诗的传统，韵部是和声调分不开的；不同声调的字一般不互相押韵。依照元曲的传统，不同声调的字也可以押韵。现在有许多民歌还是依照唐诗的传统，并且特别喜欢押平声韵；但也有许多民歌是四声通押的。至于皮簧和曲艺,则依照元曲的传统,实行四声通押。

　　古代汉语的声调系统和现代汉语的声调系统不同:古代汉语有四个声调,即平声、上声、去声、入声。在现代普通话里,古平声分化为阴平、阳平;古入声则消失了。入声还保存在现代许多方言里(如吴方言、闽方言、粤方言、客家方言、湖南方言、山西方言等)。像下面的一首唐诗,本来是押入声韵的:

江　雪

柳宗元

　　千山鸟飞绝,万径人踪灭。
　　孤舟蓑笠翁,独钓寒江雪。

现在普通话把"绝"读成平声(阳平),"灭"读成去声,"雪"读成上声,与古不合了。

　　我们必须具备现代方言里关于入声方面的一些知识(入声一般是一个短促的调子),然后便于讨论古代的音韵学。至于古上声字也有一部分变成了去声,那就等到下文第四章中再讨论了。

＊　　＊　　＊

　　以上所讲现代汉语的语音系统,是为即将要讲到的古代音韵学作准备。有许多理论,在这一章里已经打好了基础,以后再讲就比较容易懂了。

第三章　反　切

　　中国古代没有拼音字母，只好用汉字来注音。《说文》中常常说"读若某"[1]，后人说成"音某"，例如《诗·周南·芣苢》"薄言掇之"毛传[2]："掇，拾也。"陆德明《经典释文》说："拾，音十。"这就是说，"拾"字应该读像"十"字的音。这种注音方法叫做直音。直音有很大的局限性：有时候，这个字没有同音字，例如普通话里的"丢"字，我们找不到同音字来注直音；有时候（这是更常见的情况），这个字虽有同音字，但是那些同音字都是生僻的字，注了直音等于不注，例如"穷"字，《康熙字典》音"竆"[3]。以生僻字注常用字，这是违反学习的原则的。

　　另有一种注音法跟直音很相近似，那就是利用同音不同调的字来注音，例如"刀"字，《康熙字典》注作"到平声"。"刀"是平声字，"到"是去声字，单说"音到"是不准确的，必须把"到"字的声调改变了，才得到"刀"字的音。这种注音法是进步的，因为可以避免用生僻字注常用字（如"刀"音"舠"）；但是也有缺点，因为需要改变声调，然后才能读出应读的字音。

　　反切是古代的拼音方法，比起直音法来是很大的进步。可以

---

① 《说文》的全称是《说文解字》，汉许慎所著，是文字学上的权威著作。

② 毛传指毛亨的《诗故训传》。

③ 若依今普通话，可以注为"音琼"，但《康熙字典》要照顾古音，不能这样注。

说,反切方法的发明,是汉语音韵学的开始。

一、反切的原理

反切的方法是用两个字拼出一个音来,例如宰相的"相"音"息亮反",这就是说,"息"和"亮"相拼,得出一个"相"音来。这个方法大约兴起于汉末,开始的时候叫做反,又叫做翻。唐人忌讳"反"字,所以改为"切"字,例如"相,息亮切"。"反"和"切"只是称名的不同,其实是同义词(都是拼音的意思)。有人以为上字为反,下字为切,那是一种误解。

反切虽是一种拼音方法,但是它和现代的拼音方法不一样。现代的拼音方法是根据音素原则来拼音的,每一个音素用一个字母表示(有时用两个字母,但也认为固定的一个整体,如 zh、ch、ng、er),因此,汉字注音,既可以用一个字母,如"阿"a,也可以用两个字母,如"爱"ai、"路"lu,或三个字母,如"兰"lan,或四个字母,如"莲"lian(汉语拼音字母有用五个字母和六个字母的,但只应该当作三个字母看待,如"张"zhang,或者当作四个字母看待,如"专"zhuan、"良"liang、"庄"zhuang)。古代的反切是根据声韵原则来拼音的,它是一种双拼法,总是用两个字来拼音,不多也不少。

反切上字代表声母。即使是零声母,也必须有反切上字,例如:

乌	哀都切	今音[u]①
伊	于脂切	今音[i]
忧	于求切	今音[iu]
央	于良切	今音[iaŋ]

---

① 古今音是不同的,但是,在没有讲到古音以前,暂用今音来说明问题。

安	乌寒切	今音[an]
烟	乌前切	今音[ian]

反切下字代表整个韵母(以及声调)。即使是既有韵头又有韵尾的韵母,也只用一个反切下字,例如:

条	徒聊切	今音[tʻiau]
田	徒年切	今音[tʻian]
桓	胡官切	今音[xuan]
宣	须缘切	今音[ȼyan]
香	许良切	今音[ȼiaŋ]
黄	胡光切	今音[xuaŋ]

反切方法也有它的局限性。反切上字既然是代表声母的,就应该只表示辅音,但是实际上每一个汉字都代表整个音节,单纯表示辅音的汉字是不存在的。反切下字既然是代表韵母的,就应该只表示元音开头的字,但是以元音开头的汉字是很少的,常常不能不借用以辅音开头的字作为反切下字。我们看古人的反切的时候,应该按照下面的两条原则去了解它:

1. 反切上字只取它的声母,不计较它的韵母和声调;

2. 反切下字只取它的韵母和声调,不计较它的声母。

假定依照现代汉语的拼音,"条,徒聊反",应该依照下面这个公式去了解:

[tʻú](徒)+[liáu](聊)=[tʻ]+[iáu]=[tʻiáu](条)

现在再详细加以讨论:

(1)反切上字不一定跟它所切的字同呼①,因为决定被切字的呼的是反切下字,不是反切上字,例如:

乌,哀都切。乌,合口呼;哀,开口呼。

———————————

① 呼的概念有两种不同的解释。参看第六章。现在先按现代汉语的语音系统去了解它。

唐,徒郎切。唐,开口呼;徒,合口呼。

田,徒年切。田,齐齿呼;徒,合口呼。

渠,强鱼切。渠,撮口呼;强,齐齿呼。

（2）反切上字不一定跟它所切的字同声调,因为决定被切字的声调的也是反切下字,不是反切上字,例如:

钩,古侯切。钩,平声;古,上声。

苏,素姑切。苏,平声;素,去声。

曹,昨劳切。曹,平声;昨,入声。

姊,将几切。姊,上声;将,平声。

遣,去演切。遣,上声;去,去声。

宝,博抱切。宝,上声;博,入声。

送,苏弄切。送,去声;苏,平声。

诰,古到切。诰,去声;古,上声。

秀,息救切。秀,去声;息,入声。

局,渠玉切。局,入声;渠,平声。

朔,所角切。朔,入声;所,上声。

却,去约切。却,入声;去,去声。

（3）有人以为,反切就是二字连读成为一音。如果是那样,反切上字最好是不带韵尾的字。但是,事实上有许多反切上字是带韵尾的,例如:

乌,哀都切。哀,[i]尾。

都,当孤切。当,[ŋ]尾。

西,先稽切。先,[n]尾。

崔,仓回切。仓,[ŋ]尾。

瞋,昌真切。昌,[ŋ]尾。

旬,详遵切。详,[ŋ]尾。

翰,侯旰切。侯,[u]尾。

切,千结切。千,[n]尾。

(4)如果反切就是二字连读成为一音,反切下字最好是没有辅音开头的字。但是,实际上没有辅音开头的反切下字只占少数,而多数的反切下字都是有辅音作为声母的,例如:

遵,将伦切。伦,声母[l]。

海,呼改切。改,声母[k]。

萧,苏雕切。雕,声母[t]。

困,苦闷切。闷,声母[m]。

损,苏本切。本,声母[p]。

左,臧可切。可,声母[k‘]。

驮,唐佐切。佐,声母[ts]。

因此,我们对于宋代以前的反切,不应该简单地了解为二字连读成为一音;必须把反切上字的韵母去掉,反切下字的声母去掉,按照上文所讲的公式,然后拼出正确的读音来。

有时候,按公式也拼不出正确的读音来,那是由于古今音不同的缘故。关于古今音的不同,要等全书读完,才能得到一个比较全面的知识。现在先提出两件事来谈一谈,作为举例的性质:

(1)反切下字和被切字的声调必须一致,但是阳平声的反切下字可以切阴平字,阴平声的反切下字也可以切阳平字,这是因为宋代以前平声不分阴阳的缘故,例如:

公,古红切。今音:公,阴平;红,阳平。

羁,居宜切。今音:羁,阴平;宜,阳平。

恢,苦回切。今音:恢,阴平;回,阳平。

新,息邻切。今音:新,阴平;邻,阳平。

刀,都劳切。今音:刀,阴平;劳,阳平。

轻,去盈切。今音:轻,阴平;盈,阳平。

鸠,居求切。今音:鸠,阴平;求,阳平。

以上是以阳平切阴平。

龙,力钟切。今音:龙,阳平;钟,阴平。

慈,疾之切。今音:慈,阳平;之,阴平。

徒,同都切。今音:徒,阳平;都,阴平。

团,度官切。今音:团,阳平;官,阴平。

樵,昨焦切。今音:樵,阳平;焦,阴平。

房,符方切。今音:房,阳平;方,阴平。

谈,徒甘切。今音:谈,阳平;甘,阴平。

以上是阴平切阳平。

(2)反切上字和被切字的声母必须一致,但是由于语言发展的关系,拿现代普通话的语音读去就不一致了。现在只指出其中一种情况,就是普通话的[tɕ][tɕ'][ɕ]有一部分来自古代的[k][k'][x]①。如果就吴方言的一般情况说,所有的[tɕ][tɕ'][ɕ]都来自[k][k'][x]。这些读[tɕ][tɕ'][ɕ]的字在古代反切中就应该当作[k][k'][x]来看待,例如:

鸡,古奚切。今音:鸡[tɕ-],古[k-]。

契,苦计切。今音:契[tɕ'-],苦[k'-]。

奚,胡鸡切。今音:奚[ɕ-],胡[x-]。

皆,古谐切。今音:皆[tɕ-],古[k-]。

谐,户皆切。今音:谐[ɕ-],户[x-]。

奸,古颜切。今音:奸[tɕ],古[k-]。

间,古闲切。今音:间[tɕ-],古[k-]。

坚,古贤切。今音:坚[tɕ-],古[k-]。

敲,口交切。今音:敲[tɕ'-],口[k'-]。

---

① 还有浊音[ɣ],将来在第五章里还要讨论到。

嫌,户兼切。今音:嫌[ɕ-],户[x-]。

以上所述的反切,是根据《广韵》的。《广韵》的反切,和六朝人的反切基本上是一致的。唐陆德明所著的《经典释文》,其中所采的反切是六朝人的反切,在语音系统上和《广韵》没有显著的差别。有时候反切上字或反切下字稍有不同,但是它们所代表的声母或韵母则是一样的,例如"蒌"字,《经典释文》有两读,即力俱反和力侯反,《广韵》也有两读,即力朱切和落侯切。"俱"与"朱"所代表的韵母是一样的(应该是[iu],见下文第四章);"力"与"落"所代表的声母也是一样的(即[l])。我们学会了这一套反切,就能看懂古书上的注音了。

二、反切的改进

六朝的反切,就其本身的体系来说,没有什么可以非难的。既然上字只取其声母,自然可以不管韵母和声调;既然下字只取其韵母,自然可以不管声母。这样,用字可以更自由,避免选择反切上下字的困难。六朝有所谓双反语,反切上下字的位置可以对调。梁武帝建同泰寺,开大通门对寺的南门,"同泰"和"大通"就是双反语,因为"同泰"切"大"(古音"大"[i]尾,近似现在称医生为"大夫"的"大"),"泰同"切"通"。假如反切上字一定要没有韵尾的,下字一定要没有声母的,双反就成为不可能的了。由此可见,六朝反切自有它的原则,不能简单地从二字连读成为一音的道理去了解它。

但是,反切旧法也未尝没有可以改进的地方,例如"蒌"字从力侯切改为落侯切,这就是一种改进,因为"力"字与"侯"字不同呼,拼起音来不那么顺口。

　　《广韵》和《集韵》都是宋代的书,成书时期相差只有几十年①,但是《集韵》的反切已有许多改进。原来在韵母系统中有所谓洪音和细音,很粗地说起来,洪音相当于开口呼和合口呼,细音相当于齐齿呼和撮口呼。《集韵》的作者已经注意到反切上字要跟被切字洪细相当,对《广韵》的反切有了系统性的修正,例如:

　　条,《广韵》徒聊切,《集韵》田聊切②。

　　田,《广韵》徒年切,《集韵》亭年切。

　　鸡,《广韵》古奚切,《集韵》坚奚切。

　　契,《广韵》苦计切,《集韵》诘计切。

　　奚,《广韵》胡鸡切,《集韵》弦鸡切。

　　皆,《广韵》古谐切,《集韵》居谐切。

　　谐,《广韵》户皆切,《集韵》雄皆切。

　　奸,《广韵》古颜切,《集韵》居颜切。

　　间,《广韵》古闲切,《集韵》居闲切。

　　坚,《广韵》古贤切,《集韵》经天切。

　　敲,《广韵》口交切,《集韵》丘交切。

　　嫌,《广韵》户兼切,《集韵》贤兼切。

　　但是,如果要求二字连读成为一音,《集韵》的做法还是很不够的。明代的吕坤著《交泰韵》,清初的潘耒著《类音》,都设计了新的反切方法,使二字连读成为一音。他们二人的意见大致可以概括成为下面的几条:

　　1. 反切上字要用本呼,也就是以开口切开口,齐齿切齐齿,合口切合口,撮口切撮口。

　　2. 反切下字要用以元音开头的字。

---

① 《广韵》成书在1008年;《集韵》成书在1039年,一说成于1066年以后。

② 在细音方面,《集韵》根据一个相当严格的原则,就是以四等字切四等字。关于等的概念,参看下文第六章。

3. 关于反切上字的声调,吕坤主张以入切平,以平切入,以上切上,以去切去;潘耒主张以仄切平,以平切仄(仄声指上、去、入三声)。

4. 关于反切下字的声调,吕、潘二人都注意区别阴平和阳平,即阴平切阴平,阳平切阳平。这是因为从元代以后,平声已经分化为阴、阳两类了。

5. 反切用字尽可能统一起来。

这样做,的确给人很大的方便。但是,走到了极端,也带来了一些缺点。特别是以元音开头的同韵母的字不好找,势必找出一些生僻的字来作为反切下字,例如《类音》把"中"字注为"竹硧切","硧"字大家都不认识①。不认识的字用来注音,就没有实用的价值了。

清初李光地等奉敕写了一部《音韵阐微》(1726),继承了吕、潘二人的书的优点,避免了他们的缺点。《音韵阐微》的反切原则主要表现在以下五点:

(1)虽然尽可能做到用元音开头的字作为反切下字,但是不要绝对化,不要勉强使用生僻的字②。在个别地方可以灵活些,借用舌根擦音的字或邻韵的字作为反切下字。

(2)尽可能用没有韵尾的字作为反切上字,但是也不要绝对化。

(3)尽可能做到反切上下字都有固定的字。一般地说,同声母并同声调的字所用的反切上字一定相同;同韵母并同声调的字所用的反切下字一定相同。唯一例外是当反切上下字自身及其同音字被切的时候,不能不变通一下。

---

① "硧"音[iuŋ],按现代汉语与"雍"同音,潘耒没有用"雍",是由于拘泥古音系统。

② 《音韵阐微》也有个别生僻的字作为反切下字,如"鷖"(i)。这是拘泥古音系统的缘故。

（4）反切上字要跟被切字同呼。

（5）反切下字要分阴、阳（指平声）①。

　　现在举出一些例子来说明《音韵阐微》的反切方法实在是大大改善了，如果按照二字连读成为一音的话②：

　　干，《广韵》古寒切，《阐微》歌安切。

　　看，《广韵》苦寒切，《阐微》渴安切。

　　官，《广韵》古丸切，《阐微》姑剜切。

　　宽，《广韵》苦官切，《阐微》枯剜切。

　　坛，《广韵》徒干切，《阐微》驼寒切。

　　兰，《广韵》落干切，《阐微》勒寒切。

　　团，《广韵》度官切，《阐微》徒丸切。

　　鸾，《广韵》落官切，《阐微》卢丸切。

　　坚，《广韵》古贤切，《阐微》基烟切。

　　牵，《广韵》古贤切，《阐微》欺烟切。

　　涓，《广韵》古玄切，《阐微》居渊切。

　　宣，《广韵》须缘切，《阐微》胥渊切。

　　乾，《广韵》渠焉切，《阐微》奇延切。

　　钱，《广韵》昨仙切，《阐微》齐延切。

　　权，《广韵》巨员切，《阐微》渠员切。

　　旋，《广韵》似宣切，《阐微》徐员切。

　　用汉字拼音，无论如何改进，总有一定的局限性。举例来说，韵母为[ɿ][ʅ]的字，就不可能找到以元音开头的字作为反切下字，这一类的反切下字仍不能不以辅音开头，例如：

　　资，则私切。

　　雌，此斯切。

---

① （3）（4）（5）三点与吕、潘完全相同。

② 解放前的《辞源》《辞海》，基本上用的是《音韵阐微》的反切。

思,塞兹切。

慈,层时切。

要打破这种局限性,除非创造一种拼音字母。我们现在有了汉语拼音字母,这个问题已经完满地解决了。在汉语拼音字母以前,有一种注音字母也是带有拼音字母性质的。1913 年,读音统一会制定了注音字母 39 个,后来又增一个ㄜ母,总共 40 个。列举如下:

声母 24:

ㄅ[p]　　ㄆ[p‘]　　ㄇ[m]　　ㄈ[f]　　万[v]①

ㄉ[t]　　ㄊ[t‘]　　ㄋ[n]　　ㄌ[l]

ㄍ[k]　　ㄎ[k‘]　　兀[ŋ]②　　ㄏ[x]

ㄐ[tɕ]　　ㄑ[tɕ‘]　　广[ȵ]③　　ㄒ[ɕ]

ㄓ[tʂ]　　ㄔ[tʂ‘]　　ㄕ[ʂ]　　ㄖ[ʐ]

ㄗ[ts]　　ㄘ[ts‘]　　ㄙ[s]

韵母 16④:

ㄧ[i]　　ㄨ[u]　　ㄩ[y]

ㄚ[ʌ]　　ㄛ[o]　　ㄜ[ɤ]　　ㄝ[ɛ]

ㄞ[ai]　　ㄟ[ei]　　ㄠ[au]　　ㄡ[ou]

ㄢ[an]　　ㄣ[ən]　　ㄤ[aŋ]　　ㄥ[əŋ]

ㄦ[ər]

开始的时候,为了照顾古音系统,所以制有万、兀、广三个声

---

① [v],例如上海"微"字[vi]的声母。
② [ŋ],例如上海白话"牙"字[ŋa]的声母。
③ [ȵ],例如上海"泥"字[ȵi]的声母。
④ 当时没有为ㄭ制定韵母,"知"、"资"等字只注声母,不注韵母(文集本作:只用ㄓ、ㄗ等声母兼表韵母)。后来增制了一个帀(=ㄭ)作为备用韵母。

母,并规定了入声。后来 1932 年公布了《国音常用字汇》,指定北京音为标准,于是万、兀、广三个声母被取消了,只剩三十七个注音字母,入声也被取消了。

注音字母继承了传统音韵学,而又有所发展。最显著的发展是由双拼法发展为三拼法。丨、ㄨ、ㄩ被规定为介母,它们除了用作主要元音以外,还可以用来表示韵头,例如:

家ㄐㄧㄚ　　　写ㄒㄧㄝ　　　边ㄅㄧㄢ

瓜ㄍㄨㄚ　　　灰ㄏㄨㄟ　　　春ㄔㄨㄣ

决ㄐㄩㄝ　　　略ㄌㄩㄝ　　　君ㄐㄩㄣ

注音字母在一定程度上已经音素化了,所以不再有字母表示零声母。一方面,三拼法比旧反切多了一个字母;另一方面,又有单写法,用来写那些单元音,例如:

丨衣　　　ㄨ乌　　　ㄩ鱼　　　ㄚ阿　　　ㄜ鹅

三拼法比起双拼法来,优点在于大大减少了字母的数目。假如依照《音韵阐微》的旧反切方法,即使不照顾古音系统,也需要声母 51 个,韵母 36 个,总共需要注音字母 87 个①。三拼法是摆脱汉字束缚走向音素化的第一步。

汉语拼音字母比注音字母做得更彻底,它把三拼法更进一步改为四拼法,就是最多可以用四个字母拼写一个音节(双字母代表

---

① 声母 51 个,包括[p][pʻ][m]的开口呼、合口呼、齐齿呼共 9 个,[f]的开口、合口共 2 个,[t][tʻ]的开口、合口、齐齿共 6 个,[n][l]的开口、合口、齐齿、撮口共 8 个,[k][kʻ][x]的开口、合口共 6 个,[tɕ][tɕʻ][ɕ]的齐齿、撮口共 6 个,[tʂ][tʂʻ][ʂ][ɻ]的开口、合口共 8 个,[ts][tsʻ][s]的开口、合口共 6 个。韵母 36 个,包括开口呼单韵母 5 个,即[a][o][ɤ][ɹ][ɚ],复韵母 8 个,即[ai][ei][au][ou][an][ən][aŋ][əŋ],齐齿呼单韵母 1 个,即[i];复韵母 8 个,即[ia][iau][ie][iou][ian][in][iaŋ][iŋ];合口呼单韵母 1 个,即[u];复韵母 8 个,即[ua][uo][uai][uei][uan][uən][uaŋ][uŋ];撮口呼单韵母 1 个,即[y];复韵母 4 个,即[ye][yan][yn][yŋ]。

一个音素的只当一个字母看待)。这样就只需要辅音字母 21 个
([p][p'][m][f],[t][t'][n][l],[k][k'][x][ŋ],[tɕ][tɕ']
[ɕ],[tʂ][tʂ'][ʂ][ɻ],[ts][ts'][s]),元音字母 8 个([a][o]
[ɤ][ï][ɿ][i][u][y])。元音还可以归并一下,ï 并于[i],[ɿ]写
成双字母。有些辅音可以用双字母表示(如[tʂ][tʂ'][ʂ]写成
zh、ch、sh)。这样,共只需要字母 23 个,现在利用 y、w 来表示半
元音,总共也只用了 25 个字母。这是彻底的音素化。从旧反切到
拼音字母,是一个极大的变革,中间经过一个改良的办法,就是注
音字母。现在拼音方法已经走到了完善的地步,我们研究旧的反
切,只是为了阅读古书罢了。

三、双声　叠韵

　　两个字的声母相同,叫做双声;两个字的韵部相同,叫做叠韵。
今天我们有了拼音字母,双声和叠韵都是很容易了解的。从前的
文人们要了解双声、叠韵,则是不容易的事情。

　　《广韵》后面附有一个双声叠韵法。从这一个双声叠韵法中,
我们可以知道古人是从双反语去了解双声叠韵的。双声叠韵法举
了"章、掌、障、灼、厅、颋、听、剔"八个字的反切为例。现在我们只
提出一个"章"字来加以说明:

平	灼良切①	章灼良略是双声
章		
声	章略切	灼略章良是叠韵
	正纽入声为首	到纽平声为首
	双声平声为首	叠韵入声为首

先肯定了"章"字是灼良切,然后把"灼良"作为双反语,"灼良"为

---

① 这个双声叠韵法大约是后人附在《广韵》后面的,反切用字与《广韵》并不完全一致。
"章"字在《广韵》是诸良切。假如依照《广韵》的反切,则"诸良"倒过来是"章间",
不是"章略"。

"章","良灼"为"略"①。"灼、良、章、略"四个字放在一起,就形成了两个双声,两个叠韵。它们的关系如下图:

（实线表示双声,虚线表示叠韵）

所谓正纽,指的是"章"字的反切;所谓到纽,就是把反切上下字颠倒过来(到,同"倒")。正纽入声为首,因为"灼"字是入声②;到纽平声为首,因为"良"字是平声。双声平声为首,因为"章灼良略"第一字是平声"章";叠韵入声为首,因为"灼略章良"第一字是入声"灼"。这样反复说明,可见古人由于没有拼音字母,要懂得双声、叠韵的道理是很不容易的。

直到唐末的守温和尚才创造了字母来代表声母(参看下文第五章)。至于韵部的区分,据说在三国魏李登已写了一部《声类》,但是其书不传,现在的《广韵》的韵部大致依照隋陆法言的《切韵》(参看下文第四章)。但是,双声、叠韵的概念的确立则远在守温字母与陆法言《切韵》之前。《文心雕龙·声律》说:"双声隔字而每舛,叠韵杂句而必暌。"可见这两个术语的出现也是很早的。

古代汉语是单音词占优势的,但也有一部分纯粹双音词,即所谓联绵字。联绵字的绝大多数是由双声、叠韵构成的。不过,这里所谓叠韵是指同韵部,韵头不一定相同,例如:

双声:唐棣　流离　蟪蛄　蒹葭　踟蹰　踊跃
　　　颠倒　邂逅　参差　黾勉　燕婉

---

① 古音"章、灼"都属齐齿呼,所以"灼良"能拼成"章","章略"能拼成"灼"。
② 入声字作为反切上字,这是吕坤的主张,吕坤可能是有所本的。

　　叠韵:崔嵬　芄兰　扶苏　勺药　绸缪　栖迟

　　　　　苍茫　逍遥　虺隤　朦胧　婉娈　恺悌

　　联绵字本身不属于音韵学范围,但是要了解联绵字的道理就必须具备双声、叠韵的知识,所以在这里附带讲一讲。

第四章 韵 书

现存的完整的韵书,最古的一部是《广韵》。《广韵》的语音系统基本上是根据《唐韵》的,《唐韵》的语音系统则又基本上是根据《切韵》的。《切韵》为隋陆法言所著(601),现存的有一些《切韵》残卷。《唐韵》为孙愐所刊定(751),现在也只有残卷。《广韵》成书于宋大中祥符元年(1008),是陈彭年、丘雍等奉诏重修,全名是《大宋重修广韵》。

韵书的编纂,是为了文学创作的目的,所以陆法言在《切韵》序里说:"欲广文路,自可清浊皆通;若赏知音,即须轻重有异。"又说:"凡有文藻,即须明音韵。"六朝人是那样看重双声、叠韵,也就难怪有人编出韵书来。韵书实际上是反切的总汇:以韵部为纲,以便诗人们依韵吟诗;然后在每一系列的同音字下面注明反切,以便矫正人们的方音。韵书也有词义的解释,能起字典的作用,但是主要的作用还是在音韵方面。

《广韵》共分 206 韵,如下:

上平声 28 韵①

| 一东 | 二冬 | 三钟 | 四江 |
| 五支 | 六脂 | 七之 | 八微 |

---

① 平声字多,分为两卷。上平声、下平声只是平声上、平声下的意思,不可误会为阴平、阳平的分别。

九鱼	十虞	十一模	十二齐
十三佳	十四皆	十五灰	十六咍
十七真	十八谆	十九臻	二十文
廿一欣①	廿二元	廿三魂	廿四痕
廿五寒	廿六桓	廿七删	廿八山

下平声 29 韵

一先	二仙	三萧	四宵
五肴	六豪	七歌	八戈
九麻	十阳	十一唐	十二庚
十三耕	十四清	十五青	十六蒸
十七登	十八尤	十九侯	二十幽
廿一侵	廿二覃	廿三谈	廿四盐
廿五添	廿六咸	廿七衔	廿八严
廿九凡			

上声 55 韵

一董	二肿	三讲	四纸
五旨	六止	七尾	八语
九麌	十姥	十一荠	十二蟹
十三骇	十四贿	十五海	十六轸
十七准	十八吻	十九隐	二十阮
廿一混	廿二很	廿三旱	廿四缓
廿五潸	廿六产	廿七铣	廿八狝
廿九篠	三十小	卅一巧	卅二晧
卅三哿	卅四果	卅五马	卅六养
卅七荡	卅八梗	卅九耿	四十静

---

① 本是殷韵。宋人避讳，改殷为欣。

四一迥	四二拯	四三等	四四有
四五厚	四六黝	四七寝	四八感
四九敢	五十琰	五一忝	五二俨
五三豏	五四槛	五五范	

去声 60 韵

一送	二宋	三用	四绛
五寘	六至	七志	八未
九御	十遇	十一暮	十二霁
十三祭	十四泰	十五卦	十六怪
十七夬	十八队	十九代	二十废
廿一震	廿二稕	廿三问	廿四焮
廿五愿	廿六恩	廿七恨	廿八翰
廿九换	三十谏	卅一裥	卅二霰
卅三线	卅四啸	卅五笑	卅六效
卅七号	卅八箇	卅九过	四十祃
四一漾	四二宕	四三映	四四诤
四五劲	四六径	四七证	四八嶝
四九宥	五十候	五一幼	五二沁
五三勘	五四阚	五五艳	五六桥
五七酽	五八陷	五九鉴	六十梵

入声 34 韵

一屋	二沃	三烛	四觉
五质	六术	七栉	八物
九迄	十月	十一没	十二曷
十三末	十四黠	十五鎋	十六屑
十七薛	十八药	十九铎	二十陌
廿一麦	廿二昔	廿三锡	廿四职

廿五德	廿六缉	廿七合	廿八盍
廿九葉	三十帖	卅一洽	卅二狎
卅三业	卅四乏		

注意:在唐宋的韵书中,声调是韵的组成部分,不同声调就算不同韵(后来正统的韵书仍然依照这个原则),所以总共有 206 个韵。如果不计声调的不同,而以四声相配,那就只有 61 类,如下①:

1. 东董送屋	2. 冬(湩)宋沃②
3. 钟肿用烛	4. 江讲绛觉
5. 支纸寘	6. 脂旨至
7. 之止志	8. 微尾未
9. 鱼语御	10. 虞麌遇
11. 模姥暮	12. 齐荠霁
13. 祭③	14. 泰
15. 佳蟹卦	16. 皆骇怪
17. 夬	18. 灰贿队
19. 咍海代	20. 废
21. 真轸震质	22. 谆准稕术
23. 臻(榛)(龀)栉④	24. 文吻问物
25. 欣隐焮迄	26. 元阮愿月
27. 魂混慁没	28. 痕很恨(纥)⑤
29. 寒旱翰曷	30. 桓缓换末

---

① 四声相配,除痕韵入声和黠、鎋二韵外,依照戴震的《广韵独用同用四声表》。
② 冬韵上声只有"湩、鷜"二音,并入肿韵。
③ 祭、泰、夬、废四韵只有去声,没有平、上、入声跟它们相配。
④ 臻韵上声只有"榛、龀"二音,并入隐韵。臻韵去声只有"龀"一音,《广韵》去声焮韵内未收"龀"字,只在上声隐韵"龀"字下注云:"又初靳切。"
⑤ 痕韵入声只有"纥"一音,包括"纥、麧、齕、纥、䴶"五字。今依郑樵《七音略》补入。

31. 删潸谏鎋①　　　　32. 山产裥黠

33. 先铣霰屑　　　　34. 仙狝线薛

35. 萧篠啸　　　　　36. 宵小笑

37. 肴巧效　　　　　38. 豪晧号

39. 歌哿箇　　　　　40. 戈果过

41. 麻马祃　　　　　42. 阳养漾药

43. 唐荡宕铎　　　　44. 庚梗映陌

45. 耕耿诤麦　　　　46. 清静劲昔

47. 青迥径锡　　　　48. 蒸拯证职

49. 登等嶝德　　　　50. 尤有宥

51. 侯厚候　　　　　52. 幽黝幼

53. 侵寝沁缉　　　　54. 覃感勘合

55. 谈敢阚盍　　　　56. 盐琰艳葉

57. 添忝㮇帖　　　　58. 咸豏陷洽

59. 衔槛鉴狎　　　　60. 严俨酽业②

61. 凡范梵乏

　　这61类是否合于当时某一地域（例如长安）的实际语音情况
呢？我们认为是不合的。陆法言在《切韵》序里说得很清楚："因论
南北是非，古今通塞……萧颜多所决定。"③假如只是记录一个地域
的具体语音系统，就用不着"论南北是非，古今通塞"，也用不着由

---

① 在《广韵》里，黠配删，鎋配山。后人从语音系统上推知其为误配，应改为鎋配删，黠
配山。

② 今本《广韵》下平声最后四个韵的次序是咸、衔、严、凡，上声最后四个韵的次序是
俨、豏、槛、范，去声最后四个韵的次序是酽、陷、鉴、梵，入声最后四个韵的次序是洽、
狎、业、乏，上、去与平、入不相配。今依戴震《广韵独用同用四声表》订正。

③ 萧，指萧该；颜，指颜之推。当时刘臻、颜之推、魏渊、卢思道、李若、萧该、辛德源、薛
道衡八人参加《切韵》的撰集。

某人"多所决定"了。章炳麟说:"《广韵》所包,兼有古今方国之音。"①他的话是对的。

实际上,照顾了古音系统,也就是照顾了各地的方音系统,因为各地的方音也是从古音发展来的。陆法言的古音知识是从古代反切得来的,他拿古代反切来跟当代方音相印证,合的认为是,不合的认为非,合的认为通,不合的认为塞。这样就在很大程度上保存了古音系统。例如支、脂、之三韵在当代许多方言里都没有分别,但是古代的反切证明这三个韵在古代是有分别的,陆法言就不肯把它们合并起来。其中有没有主观臆测的地方呢? 肯定是有的②;但是,至少可以说,《切韵》保存了古音的痕迹,这就有利于我们研究上古的语音系统。

我们不能说现代所有方言的语音系统都是从《切韵》系统发展来的;有些方言远在六朝以前就跟标准语分开了。但是,即使这样,方言与《切韵》系统仍旧存在着对应规律。根据《切韵》系统来调查方言仍旧是可行的。

现在谈一谈《切韵》系统的实际读音的问题。上面说过,《切韵》照顾了古音系统,也照顾了方音系统,凡古音能分别而当代某些方言已经混同,某些方言还能分别的,则从其分不从其合,这样韵部的数目就多起来了。隋时大约是以洛阳语音作为标准音,诗人们写诗大约是按照这种实际语音来押韵,并不需要像《切韵》分得那么细。唐封演《闻见记》说:

> 隋朝陆法言与颜魏诸公定南北音撰为《切韵》……以为文楷式,而先仙、删山之类分为别韵,属文之士共苦其苛细。国初许敬宗等详议,以其韵窄,奏合而用之。

---

① 见《章氏丛书·国故论衡》上,18 页。
② 例如《广韵》"恭"字下注云:"陆以'恭、蚣、纵'等字入冬韵,非也。"

现在《广韵》每卷目录于各韵下注明"独用、某同用"字样,就是许敬宗等的原注。其实"奏合而用之"也一定有具体语音系统作为标准,并不是看见韵窄就把它合并到别的韵去,看见韵宽就不合并了,例如肴韵够窄了,也不合并于萧宵或豪;欣韵够窄了,也不合并于文或真;脂韵够宽了,反而跟支、之合并。这种情况,除了根据实际语音系统以外,得不到其他的解释。

这样,我们对于 7 世纪(隋代及唐初)的汉语标准音,就可以肯定它的语音系统;再根据各方面的证明(如日本、朝鲜、越南的借词,梵语、蒙语的对译,现代汉语方言的对应,等等),就可以构拟出实际的音位来,如下表:

(一)无尾韵母

　　ɑ 韵(歌戈同用):何 ɑ　禾 uɑ　靴 iuɑ

　　a 韵(麻独用):加 a　遮 ia　瓜 ua

　　io 韵(鱼独用):鱼 io

　　u 韵(虞模同用):胡 u　俱 iu

　　i 韵(支脂之同用):移夷饴 i　为追 ui

(二)i 尾韵母

　　ɔi 韵(灰咍同用):来 ɔi　回 uɔi

　　ɑi 韵(泰独用):盖 ɑi　外 uɑi

　　ai 韵(佳皆夬同用):佳皆犗 ai　娲怀夬 uai

　　iɛi 韵(祭独用):例 iɛi　芮 iuɛi

　　iɐi 韵(废独用):刈 iɐi　废 iuɐi[①]

　　iei 韵(齐独用):奚 iei　携 iuei

　　iəi 韵(微独用):希 iəi　非 iuəi

---

① ɐ 是比 ə 部位较低的混元音,其音色近似 a。

（三）u 尾韵母

　　ɑu 韵（豪独用）：刀 ɑu

　　au 韵（肴独用）：交 au

　　iɛu 韵（萧宵同用）：聊遥 iɛu

　　əu 韵（尤侯幽同用）：侯 əu　鸠幽 iəu

（四）ŋ 尾韵母

　　uŋ 韵（东独用）：红 uŋ　弓 iuŋ

　　oŋ 韵（冬钟同用）：冬 oŋ　钟 iuoŋ

　　ɔŋ 韵（江独用）：江 ɔŋ

　　aŋ 韵（阳唐同用）：郎 aŋ　光 uaŋ　良 iaŋ　方 iuaŋ

　　ɐŋ 韵（庚耕清同用）：庚 ɐŋ　横萌 uɐŋ　京盈 iɐŋ
　　　　　　　　　　　　　　兵营iuɐŋ

　　ieŋ 韵（青独用）：经 ieŋ　扃 iueŋ

　　əŋ 韵（蒸登同用）：登 əŋ　肱 uəŋ　陵 iəŋ

（五）n 尾韵母

　　ɑn 韵（寒桓同用）：干 ɑn　官 uɑn

　　an 韵（删山同用）：奸闲 an　还顽 uan

　　ɐn 韵（元魂痕同用）：痕 ɐn　昆 uɐn　言 iɐn　袁 iuɐn

　　iɛn 韵（先仙同用）：前连 iɛn　玄缘 iuɛn

　　in 韵（真谆臻同用）：邻臻 in　伦斌 iun

　　ien 韵（欣独用）：斤 ien

　　iuən 韵（文独用）：云 iuən

（六）m 尾韵母

　　ɑm 韵（覃谈同用）：含甘 ɑm

　　am 韵（咸衔同用）：咸衔 am

　　iɐm 韵（严凡同用）：严 iɐm　凡 iuɐm

　　iɛm 韵（盐添同用）：廉兼 iɛm

　　im 韵（侵独用）：林 im

（七）k 尾韵母（ŋ 尾的入声）

  uk 韵（屋独用）：木 uk　六 iuk

  ok 韵（沃烛同用）：沃 ok　玉 iuok

  ɔk 韵（觉独用）：角 ɔk

  ak 韵（药铎同用）：各 ak　郭 uak　略 iak　缚 iuak

  ɐk 韵（陌麦昔同用）：格革 ɐk　伯获 uɐk　戟益 iɐk

         役 iuɐk

  iek 韵（锡独用）：历 iek　阒 iuek

  ək 韵（职德同用）：则 ək　或 uək　力 iək　域 iuək

（八）t 尾韵母（n 尾的入声）

  ɑt 韵（曷末同用）：割 ɑt　括 tɑu

  at 韵（黠同用）：八镯 at　滑刮 uat

  ɐt 韵（月没同用）：觠 tɐi　没 tɐu　竭 iɐt　月 iuɐt

  iɛt 韵（屑薛同用）：结列 iɛt　决劣 iuɛt

  it 韵（质术栉同用）：质栉 it　律率 iut

  iet 韵（迄独用）：迄 iet

  iuət 韵（物独用）：勿 tuət

（九）p 尾韵母（m 尾的入声）

  ɑp 韵（合盍同用）：合盍 ɑp

  ap 韵（洽狎同用）：洽甲 ap

  iɐp 韵（业乏同用）：业 tɐi　法 iuɐp

  iɛp 韵（叶帖同用）：涉协 iɛp

  ip 韵（缉独用）：入 ip

  在《广韵》里，入声和鼻音收尾的韵母相配，形成很整齐的局面。k 和 ŋ 同是舌根音；t 和 n 同是齿音；p 和 m 同是唇音。相配的韵，连其中所包含韵母也是相同的，例如有 uŋ、iuŋ，就有 uk、iuk，有 ɐŋ、uɐŋ、iɐŋ、iuɐŋ，就有 ɐk、uɐk、iɐk、iuɐk。个别地方不能相配，例如入声有 iuək 而平、上、去声没有 iuəŋ，那是所谓有音无字，iuəŋ 在语音系统中还是存在的。

到了宋初(10 世纪末到 11 世纪初),语音又有了发展,韵书不能不稍为修改,以符合实际的语音系统。当然,这种修改也只是为了科举的需要,把韵部合并一下。宋景祐四年(1037),诏令丁度等刊定窄韵十三,许附近通用,改名为《礼部韵略》。据戴震的考证①,合并了的窄韵十三处是:

1. 文欣同用　　　　　2. 吻隐同用

2. 问焮同用　　　　　4. 物迄同用

5. 代队废同用　　　　6. 盐添严同用

7. 琰忝俨同用　　　　8. 艳㮇酽同用

9. 叶帖业同用　　　　10. 咸衔凡同用

11. 豏槛范同用　　　　12. 陷鉴梵同用

13. 洽狎乏同用

在杜甫的诗里,欣与真谆押韵②,废与霁祭押韵③,可见在 8 世纪时,欣与真相近,废与霁祭相近,现在欣不并入真谆而并入文,废不并入霁祭而并入代队,显然是因为时代变了,语音系统也变了。盐添咸衔严凡六韵,在《广韵》分为三类:盐添同用,咸衔同用,严凡同用,可见当时严与凡的韵母相近,现在严并入盐添,凡并入咸衔,也显示出语音系统的改变④。

《集韵》书成于宋宝元二年(1039),是宋祁、郑戬、贾昌朝、王洙奉诏刊修《广韵》而成的。本来,刊定窄韵十三是贾昌朝所奏请

---

① 戴震《声韵考》卷二。

② 例如杜甫《暇日小园散病》叶"真、瞋、神、欣、匀、邻、陈、春、芹、筋、勤、频、旻、辛",其中"欣、芹、筋、勤",都是欣韵字。

③ 例如杜甫《赠秘书监江夏李公邕》叶"替、继、柢、制、锐、际、裔、例、惠、卫、计、泥、世、几、岁、济、秽"……等,其中"秽"是废韵字。

④ 凡韵去声(梵韵)有"剑、欠"二音,大约实际读音已经混入严韵去声(酽韵)去了,所以它们也就跟着酽韵并到艳㮇韵里去。《集韵》已经正式把它们收入验韵(即酽韵),后来《佩文诗韵》又徘徊于古今之间,既把它们归入艳韵,又把它们归入陷韵。

的①,所以《集韵》目录就依照新的归并,注明文与欣通,吻与隐通,问与焮通②,勿(即物)与迄通,队与代废通,盐与沾(即添)严通,琰与忝俨通,艳与栝(即㮇)验(即酽)通,叶与帖业通,咸与衔凡通,豏与槛范通,陷与鉴(即鉴)梵通,洽与狎乏通。

　　既然有了独用、同用的规定,自然会有人索性把同用的韵合并起来。依照《集韵》的通用例,206 韵可以并成 108 个韵。宋淳祐十二年(1252)江北平水刘渊编成了一部《壬子新刊礼部韵略》③,书中共分 107 韵,比《集韵》所规定通用的只少了一个韵④。那就是把去声的证嶝两韵并到径韵去了。在稍前有王文郁的《新刊韵略》(1227)和张天锡草书的《韵会》(1229),共 106 韵,那是除了把去声证嶝两韵并入径韵以外,连上声拯等也归并到迥韵去了⑤。现在一般所谓诗韵,又叫平水韵,指的就是这 106 韵。下面我们照录 106 韵的韵目,括号内的字表示被归并了的韵部:

上平声 15 韵

一东	二冬(钟)	三江
四支(脂之)	五微	六鱼
七虞(模)	八齐	九佳(皆)
十灰(咍)	十一真(谆臻)	十二文(欣)
十三元(魂痕)	十四寒(桓)	十五删(山)

下平声 15 韵

一先(仙)	二萧(宵)	三肴

---

① 参看戴震《声韵考》卷二。

② 甚至把吻、问两韵的一部分字混入隐、焮两韵中去了。

③ 邵长蘅《韵略叙例》说:"《壬子新刊礼部韵略》五卷,宋淳祐间,江北平水刘渊增修。"按:壬子年是淳祐十二年,既说是"壬子新刊",大约就是壬子年刊行的。

④ 元黄公绍的《韵会》,共分 107 韵,与刘渊相合。

⑤ 参看王国维《观堂集林》卷八,26—27 页。在王氏以前,一向以为并拯等于迥的是阴时夫的《韵府群玉》。

四豪　　　　　　　　五歌（戈）　　　　　六麻

七阳（唐）　　　　　八庚（耕清）　　　　九青

十蒸（登）　　　　　十一尤（侯幽）　　　十二侵

十三覃（谈）　　　　十四盐（添严）　　　十五咸（衔凡）

上声 29 韵

一董　　　　　　　　二肿　　　　　　　　三讲

四纸（旨止）　　　　五尾　　　　　　　　六语

七麌（姥）　　　　　八荠　　　　　　　　九蟹（骇）

十贿（海）　　　　　十一轸（准）　　　　十二吻（隐）

十三阮（混很）　　　十四旱（缓）　　　　十五潸（产）

十六铣（狝）　　　　十七篠（小）　　　　十八巧

十九晧　　　　　　　二十哿（果）　　　　廿一马

廿二养（荡）　　　　廿三梗（耿静）　　　廿四迥（拯等）

廿五有（厚黝）　　　廿六寝　　　　　　　廿七感（敢）

廿八琰①（忝俨）　　廿九豏（槛范）

去声 30 韵

一送　　　　　　　　二宋（用）　　　　　三绛

四寘（至志）　　　　五未　　　　　　　　六御

七遇（暮）　　　　　八霁（祭）　　　　　九泰

十卦（怪夬）　　　　十一队（代废）　　　十二震（稕）

十三问（焮）　　　　十四愿（恩恨）　　　十五翰（换）

十六谏（裥）　　　　十七霰（线）　　　　十八啸（笑）

十九效　　　　　　　二十号　　　　　　　廿一箇（过）

廿二祃　　　　　　　廿三漾（宕）　　　　廿四敬②（诤劲）

---

①　后来因避清仁宗讳，改为廿八俭。

②　这个韵在《切韵》里本来就叫敬韵，《广韵》因避宋讳改为映韵，在《佩文诗韵》中又
　　恢复为敬韵。

廿五径(证嶝) 廿六宥(候幼) 廿七沁

廿八勘(阚) 廿九艳(㮇酽) 三十陷(鉴梵)

入声 17 韵

一屋 二沃(烛) 三觉

四质(术栉) 五物(迄) 六月(没)

七曷(末) 八黠(鎋) 九屑(薛)

十药(铎) 十一陌(麦昔) 十二锡

十三职(德) 十四缉 十五合(盍)

十六叶(帖业①) 十七洽(狎乏)

　　拯、等两韵并入迥韵,证、嶝并入径韵,虽然是自乱其例(相应的平、入两声并未并韵),但也反映了一种情况,那就是当时蒸、登两韵(及其上、去、入声)实际上已经跟庚、耕、清、青四韵相混了。在唐代,这两种韵是截然分开的,在诗人所写的古风中,青韵可以跟庚、耕、清押韵②,但是绝不跟蒸、登押韵。现在蒸、登的上、去声并入青韵的上、去声,显然是因为实际读音已经混而为一。至于相应的平、入韵还不合并,那是由于字数较多的缘故。

《中原音韵》

　　韵书到了元代,又有了一种曲韵。曲韵的韵书是为了北曲的需要。曲是与口语关系最密切的,必须完全依照当时口语的语音系统。元泰定元年(1324),周德清著《中原音韵》,这是韵书的重大改革。《中原音韵》与平水韵的分别主要有三点:第一,平水韵只是把《广韵》的韵部合并了一下,而《中原音韵》则是进一步把平水韵的韵按照大都(即今北京)的实际语音系统重新分合,有些新的韵

---

① 《佩文诗韵》以业韵字归入洽韵是错误的,当依邵长蘅《古今韵略》更正。

② 例如杜甫《扬旗》叶"清、声、庭、旌、星、倾、平、轻、青、城、宁、荆"。其中"平、荆"属庚韵,"清、声、旌、倾、轻、城"属清韵,"庭、星、青、宁"属青韵。

部(如车遮)独立出来了,有些旧的韵部(如鱼虞)合并起来了。第二,诗韵是四声分立的,声调不同就算不同韵部;曲韵是四声通押的,声韵不同的字,只要主要元音和韵尾(如果有韵尾)相同,就算韵部相同。第三,14世纪的大都音平声已分阴、阳,入声已经消失,古入声字都归入阳平、上声和去声①。原来入声韵配鼻音收尾的韵,《中原音韵》改为配元音收尾的韵了。

《中原音韵》共分十九个韵部,如下:

韵部	例字
一东钟	风通同戎兄宏孔梦
二江阳	姜章双降养望
三支思	枝施儿史事志瑟
四齐微	机归妻吹移实及昔入
五鱼模	居书无徐虎树叔出物
六皆来	阶斋怀来白麦客策色
七真文	分春新恩存隐损恨信
八寒山	丹帆还难罕眼旦盼看
九桓欢	官观欢端酸宽峦满半
十先天	坚边专连前然卷软院
十一萧豪	消交腰毛小角薄弱略
十二歌戈	科波和果我合夺莫落
十三家麻	佳沙花马把驾鸭杀达
十四车遮	车斜遮写夜蝶洁说月
十五庚青	荆生升平景永命净杏

---

① 古入声消失后,具体的入声字所归的调类,《中原音韵》与现代普通话出入颇大。在普通话里,入声归上声的最少;在《中原音韵》里,情况正相反,入声归上声的最多,例如"忽、曲、哭、出",今普通话读阴平,"福、菊、竹、烛、足、卒",今普通话读阳平,"不、粟、宿、触、束",今普通话读去声,这些字在《中原音韵》里都读上声。

韵部	例字
十六尤侯	休鸥楼求有轴熟肉六
十七侵寻	金侵深音林吟沉枕甚
十八监咸	堪三探南衔含减斩暗
十九廉纤	兼尖帘炎掩染

这十九个韵部跟平水韵出入很大。并非因为在短短七十年间就有这样大的变化,主要是因为平水韵是守旧,《中原音韵》是革新。平水韵是为了写诗,限于功令,不能不保守;《中原音韵》是为了作曲,可以不受官韵的约束。现在将《中原音韵》与平水韵作一个大略的比较,如下:

一东钟　平水韵东冬①。有个别庚蒸合口字。

二江阳　平水韵江阳。

三支思　平水韵支韵以[ts][ts'][s]开头的字,以及一部分[tʃ][tʃ'][ʃ][ʐ]开头的字。

四齐微　平水韵支②微齐,又灰韵合口呼(回类)。入声职缉,又质物两韵齐齿呼(质类迄类)。

五鱼模　平水韵鱼虞,入声质物两韵的撮口呼(律类、勿类)③,月韵的合口呼(没类)。

六皆来　平水韵佳④泰,又灰韵的开口呼(来类)。入声陌职的一部分开口呼。

七真文　平水韵真文,又元韵的开口呼和合口呼(痕类和昆类)。

---

① 举平声包括上、去声。下同。

② 已入支思韵者除外。

③ 这里所谓开口、合口、齐齿、撮口,是依照传统音韵学(《音韵阐微》)。参看下文第六章。

④ 但"佳"字本身和一部分合口字入家麻韵。

八寒山　平水韵删,又寒韵的开口呼(干类)。

九桓欢　平水韵寒韵的合口呼(官类)。

十先天　平水韵先,又元韵的齐齿呼和撮口呼(言类和袁类)。

十一萧豪　平水韵萧肴豪,入声觉药。

十二歌戈　平水韵歌,入声曷合两韵唇齿音以外的字,又觉药韵的一部分字①。

十三家麻　平水韵麻韵的开口呼和合口呼(加类和瓜类),入声黠洽,又曷合两韵唇齿音字。

十四车遮　平水韵麻韵的齐齿呼(遮类),入声屑葉,又月韵的齐齿呼和撮口呼(竭类和月类)。

十五庚青　平水韵庚青②。

十六尤侯　平水韵尤,又入声屋韵的一小部分字③。

十七侵寻　平水韵侵④。

十八监咸　平水韵覃咸⑤。

十九廉纤　平水韵盐。

我们再拿《中原音韵》的十九个韵部来跟现代北方曲艺的十三辙相比较,则见二者非常近似,这是一脉相承的。下面是《中原音韵》和十三辙的比较表:

---

① 这一部分字是"铎、薄、学、著、凿、杓、岳、药、约、诺、莫、落、萼、弱、略、虐"等,萧豪、歌戈两部都收。

② 但有一部分合口字兼入东钟。

③ 这些字是"轴、逐、熟、竹、烛、粥、宿、肉、褥、六"。其中"轴、逐、熟、竹、烛、粥、宿、褥"都兼入鱼模。

④ 但"品"字归真文,"禀"字归庚青。

⑤ 但"凡、帆、范、範、犯、泛"归寒山。

中 原 音 韵		十 三 辙	
韵 部	读 音	韵 部	读 音
东 钟	uŋ、yŋ	中 东	əŋ、iŋ、uŋ、yŋ
庚 青	əŋ、iŋ、uəŋ		
江 阳	aŋ、iaŋ、uaŋ	江 阳	aŋ、iaŋ、uaŋ
支 思	ɿ、ʅ①	衣 期	ɿ、ʅ
齐 微	i、ui、ei	衣 期	i、ʅ
		灰 堆	əi、uəi
鱼 模	u、y	衣 期	y
		姑 苏	u
皆 来②	ai、uai	怀 来	ai、uai
真 文	ən、in、un、yn	人 辰	ən、in、un、yn
侵 寻	im		
寒 山	an、ian、uan	言 前	an、ian、uan、yan
桓 欢	on		
先 天	iɛn、yɛn		
监 咸	am		
廉 纤	iɛm		
歌 戈	o、uo	梭 波	ɤ、uo
家 麻	a、ua、ia	麻 沙	a、ia、ua
车 遮	iɛ、yɛ	梭 波③	ɤ
		乜 斜	iɛ、yɛ
萧 豪	au、iau	遥 迢	au、iau
尤 侯	əu、iu	由 求	əu、iu

　　侵寻、监咸、廉纤这三个韵部叫做闭口韵,因为它们收音于 m,
m 是唇音,所以令人感觉得是闭口。闭口韵在北音中大约在 16 世
纪以前就消失了。除了闭口韵以外,《中原音韵》和十三辙的分别

---

① 《中原音韵》时代的[ʅ],可能还不是卷舌的,而是与[ɿ]部位相当的元音。
② "皆、谐"等字在十三辙中入乜斜辙;"客、策"等字入梭波辙。
③ "遮、车、赊、者、舍"等字。

是很小的。

　　关于曲韵,还有两部比较常见的韵书:一部是《词林要韵》,另一部是《中州音韵》①,现在附带谈一谈。

　　菉斐轩《词林要韵》,不著作者姓名,相传为宋代的书,那是不可能的,因为这显然是为北曲而作的曲韵②;有人以为是明成化间(1465—1487)陈铎所作。这部书的出世应当是在《中原音韵》之后,书中把曲韵分为十九部,入声合并到平、上、去三声中,几乎完全与《中原音韵》相符合,只是韵部的名称稍有不同。兹列举如下:

一东红	二邦阳	三支时
四齐微	五车夫	六皆来
七真文	八寒闲	九鸾端
十先元	十一萧韶	十二和何
十三嘉华	十四车邪	十五清明
十六幽游	十七金音	十八南三
十九占炎		

　　《中州音韵》也不著作者姓名,看来也是根据《中原音韵》而作的,连十九韵部也跟《中原音韵》相同,只是侵寻改为寻侵。这部书于每一音的下面都附有反切或直音,这种根据近代北音所作的音切是很值得重视的。例如:

　　　　佺,《广韵》直一切,《中州》征移切。

　　　　七,《广韵》亲吉切,《中州》仓冼切。

　　　　则,《广韵》子德切,《中州》滋美切。

　　　　国,《广韵》古或切,《中州》音鬼③。

---

① 《中州音韵》不同于卓从之的《中州乐府音韵类编》。因二书差别不大,而前者较为常见,所以只谈前者。

② 曲又叫做词;《词林要韵》这个书名仍应了解为曲韵。

③ 原注"叶鬼",今为便于了解,改"叶"为"音"。下同。

粟,《广韵》相玉切,《中州》音须上声。

卒,《广韵》子聿切,《中州》音祖。

百,《广韵》博陌切,《中州》音摆。

客,《广韵》苦格切,《中州》音楷上声。

色,《广韵》所力切,《中州》音筛上声。

策,《广韵》楚革切,《中州》音钗上声。

学,《广韵》胡角切,《中州》奚交切。

薄,《广韵》傍各切,《中州》巴毛切。

合,《广韵》侯阁切,《中州》音何。

八,《广韵》博拔切,《中州》音巴上声。

轴,《广韵》直六切,《中州》直由切。

熟,《广韵》殊六切,《中州》商由切。

粥,《广韵》之六切,《中州》音周。

六,《广韵》力竹切,《中州》音溜。

肉,《广韵》如六切,《中州》音柔去声。

这种音切,可以帮助我们了解元代的语音系统①。

　　韵书中都有反切,反切上字使我们知道声母系统,下字使我们知道韵母系统。关于反切上字所反映的声母系统,我们将在下文第五章里讨论字母时一并讨论;关于反切下字所反映的韵母系统,我们将在下文第六章里讨论等韵时一并讨论。

---

①　钱玄同认为《中州音韵》的反切是后人所加的,那么,只能凭这种反切去了解明清的语音系统。

第五章 字 母

　　中国自从有了反切,人们就可以从反切上字归纳出一个声母系统,从反切下字归纳出一个韵母系统。韵母系统因为跟诗赋有关,所以很早就有人编出韵书来,每一个韵部给它一个代表字,如东冬钟江等,称为韵目。至于声母的归纳成为系统,就比较晚一些。相传唐末沙门(和尚)守温创造了三十六字母,宋郑樵《通志·七音略》也说:"七音之韵,起自西域,流入诸夏……华僧从而定之,以三十六为之母,重轻清浊不失其伦。"由此看来,在汉语音韵学上,三十六字母的重要性,不亚于《广韵》的206个韵部。

　　三十六字母代表36个声母。现在把字母开列并举例字如下①:

1. 见母　　例字:公江居该坚骄经兼
2. 溪母②　例字:空欺区苦块看敲康
3. 群母　　例字:穷共奇渠权狂琼求
4. 疑母　　例字:宜危鱼吾银我颜傲

---

① 这个次序是一般采用的次序,见于《四声等子》《切韵指南》,以及后来江永的《四声切韵表》、陈澧的《切韵考外篇》。《切韵指掌图》除晓匣影喻改为影晓匣喻以外,次序也都相同。但是,在较早时代的顺序则是按照唇舌牙齿喉排列的,见于《韵镜》和《七音略》。

② "溪"字在三十六字母中应该读如"欺"[tɕ'i],然后适宜于作代表字。

5. 端母　　　例字:东端督颠当到斗胆

6. 透母　　　例字:通土退泰叹探添汤

7. 定母　　　例字:亭谈但杜道毒特蝶

8. 泥母　　　例字:南难奴恼宁年乃农

9. 知母　　　例字:中追征猪镇张著竹

10. 彻母　　　例字:忡痴宠畜抽敕诎插

11. 澄母　　　例字:沉郑传纯陈柱除治

12. 娘母　　　例字:浓尼女匿狃粘拏娘

13. 帮母　　　例字:布卜拜波奔包秉边

14. 滂母　　　例字:普沛派配匹攀片判

15. 並母　　　例字:旁薄蒲袍贫仆别白

16. 明母　　　例字:门芒母貌梦莫马蛮

17. 非母　　　例字:风非甫废分弗方富

18. 敷母　　　例字:丰霏抚肺芬拂芳副

19. 奉母　　　例字:冯肥父吠愤佛房妇

20. 微母　　　例字:微无文问物亡网尾

21. 精母　　　例字:总子进醉足箭曾奏

22. 清母　　　例字:村餐侵亲秋仓千聪

23. 从母　　　例字:残存惭钱字贼就籍

24. 心母　　　例字:扫岁算送思昔速苏

25. 邪母　　　例字:松随遂词徐祥夕旋

26. 照母　　　例字:终庄诸制震哲战照

27. 穿母　　　例字:充出初叱川叉创抄

28. 床母　　　例字:崇实术舌巢蛇状食

29. 审母　　　例字:束诗书输失舜说少

30. 禅母　　　例字:成臣熟是树受甚涉

31. 晓母　　　例字:呼希馨休烘胸虚海

32. 匣母　　　例字:效贤桓学含行横还
33. 影母　　　例字:烟安忧衣一抑恶郁
34. 喻母　　　例字:融逸越为余用阳友
35. 来母　　　例字:里隆卢鸾灵刘连列
36. 日母　　　例字:而柔饶闰儒戎肉入

现在我们将这 36 个声母按旧时的分类开列,并加上拟测的读音,如下表:

清　浊　　　　　发音部位	全　清	次　清	全　浊	次　浊①
牙　音	见 k	溪 k'	群 g'	疑 ŋ
舌音　舌头	端 t	透 t'	定 d'	泥 n
舌音　舌上	知 ȶ	彻 ȶ'	澄 ȡ'	娘 ȵ
唇音　重唇	帮 p	滂 p'	並 b'	明 m
唇音　轻唇	非 f	敷 f'	奉 v	微 ɱ
齿音　齿头	精 ts　心 s	清 ts'	从 dz'　邪 z	
齿音　正齿	照 tɕ　审 ɕ	穿 tɕ'	床 dʑ'　禅 ʑ	
喉音	影 ʔ	晓 x	匣 ɣ	喻 j
半舌				来 l
半齿				日 ȵ

现在按照上面的表,逐项加以讨论:

(1)发音部位　这表里所列的发音部位都是旧名。有人把声母分为五音,即唇、舌、牙、齿、喉;又有人加上半舌、半齿,称为七

---

① 全清,有人只叫清;全浊,有人只叫浊。这个关系不大。次浊,有人叫清浊,有人叫不清不浊,这就显得与次清不是相配的。参看下文。

音(这是《七音略》命名的由来)①。本来,五音宫、商、角、徵、羽指的是音阶的高下,但是讲字母的人把宫、商、角、徵、羽附会到发音部位上,以唇为羽,舌为徵,牙为角,齿为商,喉为宫②。虽然"徵"字属舌音(知母),"角"字属牙音(见母),"商"字属齿音(审母),"羽"字撮口圆唇,"宫"字读音与晓匣两母颇近,但是这种附会毕竟是牵强的,没有意义的。

牙音,就是舌根音。牙指牡牙,即大牙。舌根音发音时,舌根跟后腭接触,而牡牙与后腭的部位正相近。舌根音[k][k'][g]的细音,在现代普通话里变了舌面音[tɕ][tɕ'](如"见"[tɕiɛn]、"欺"[tɕ'i]、"群"[tɕ'yn]),只有洪音仍保存舌根音(如"公"[kuŋ]、看[k'an])。但是在许多方言里,[k][k'][g]的细音仍然保存舌根音(如广州"见"[kin]、"溪"[k'ɐi]、群[k'uɐn])。疑母字,在现代普通话里多数变了零声母("傲"[au]、"岸"[an]、"疑"[i]、"元"[yan]),但是在许多方言里,疑母的洪音仍然保存了[ŋ]的读音(如上海"傲"[ŋɔ]、广州"岸"[ŋon])。

舌头音,就是齿音的塞音及其同部位的鼻音。本来,齿音就是舌的尖端跟齿(门牙)接触发出来的音,"舌头"就是舌尖的意思。西洋也有称[t][d][n]等音为舌音的。

舌上音,这是比较难于肯定的音。这一类音来自齿音的塞音,而又向舌面音的塞擦音发展,因此,把知彻澄三母拟测为舌面塞音[ȶ][ȶ'][ȡ'](即与[tɕ][tɕ'][ɕ]同部位的塞音)是比较近于情理的。至于娘母,虽然拟测为[ȵ],使它与[ȶ][ȶ'][ȡ']相配,恐怕实际上只是个[n],与泥母没有分别。字母家要求整齐,就造出

---

① 《七音略》没有唇、舌、牙、齿、喉、半舌、半齿等名称,但是分为羽、徵、角、商、宫、半徵、半商,道理是一样的。

② 宫商角徵羽的附会,影响较大,所以在这里提一提。至于金木水火土、君臣民事物、东西南北中,等等,附会得更加不近情理,这里就不一一说明了。

一个娘母来配知彻澄(参看下文)。

重唇音,就是双唇音。

轻唇音,就是唇齿音。轻唇音来自重唇。非与敷的分别虽然拟测为不送气和送气的[f],但是也许这种分别实际上并不存在,只因非母来自帮母,敷母来自滂母,帮滂本有分别,字母家从历史来源看也就把非敷区别开来了。微母的[ɱ]是唇齿音的[m]发音时下唇与上齿接触,音色与[m]相近。微母来源于明母,在现代许多方言里,微母字都还读[m]音开头(如广州"微"[mei]、"文"[mɐn])。普通话微母读零声母,实际上是以半元音[w]开头。[w]读圆唇,还保存着唇音的痕迹。

齿头音,就是齿音的塞擦音和擦音。齿头音与舌头音都用"头"字,显示着发音部位相同,只是发音方法不同。

正齿音,这也是比较难于肯定的音。现在拟测为[tɕ][tɕ'][dʑ'][ɕ][ʑ]。[tɕ][tɕ'][ɕ]等于现代普通话的[tɕ][tɕ'][ɕ];[dʑ']是[tɕ']的浊音,[ʑ]是[ɕ]的浊音。它们到后来在北方变为卷舌音,但是在《切韵》时代还没有卷舌,因为它们能跟[i]相结合(卷舌音与[i]结合是困难的);直到《中原音韵》时代也还没有真正卷舌,所以"战"等字仍读齐齿呼,"专"等字仍读撮口呼。这样看来,知系和照系正好配对,跟端系和精系正好配对一样。我们可以说:古人舌与齿的分别,不是按发音部位来分,而是按发音方法来分。不管舌尖与齿接触或舌面与龈腭间接触,只要是塞音,都叫做舌音(舌头、舌上);只要是塞擦音或摩擦音,都叫做齿音(齿头、正齿)。

喉音,实际上还可以分为深喉、浅喉二种①。深喉指的是喉塞音[ʔ]和半元音[j]。喉塞音[ʔ]发音时,声带收紧,声门闭塞,然后

---

① 深喉、浅喉这两个术语采自章炳麟的《文始》和钱玄同《文字学音篇》。章氏以见溪群疑为深喉,晓匣影喻为浅喉;钱氏以影喻为深喉,见溪群疑晓匣为浅喉。今大致从钱氏说,但见溪群疑仍称牙音,不称浅喉。

突然放开。影母大约就是这个[ʔ]。至于喻母字,实际上都是以半元音[j]开头的,后来才变为以[j][w][ɥ]开头,以[j]开头的如"夷"[ji],以[w]开头的如"为"[wəi],以[ɥ]开头的如"余"[ɥy]。这些字的标音都可以简化,作为元音开头,如[i][uəi][y]。浅喉指的是舌根摩擦音[x][ɣ]。[x]是晓母,[ɣ]是匣母。古人对摩擦音与闭塞音总不认为同类,正如他们把 t 类与 s 类分开、ȶ类与 ɕ 类分开一样,他们把 k 类与 x 类分开也不足为怪。

半舌音就是边音。边音不是完全闭塞,也不属于擦音,所以叫做半舌音。

半齿音是最难肯定的音。现在暂拟为[ɽ]①。现代普通话日母也读[ʐ],可能有些细微的分别,现在还不能十分肯定。[ɽ]是闪音,与边音性质相近,边音既叫半舌,所以闪音就叫半齿。

(2)清浊 在汉语音韵学上,清浊的分别是一个很重要的概念。我们知道,语音学上有所谓带音的辅音和不带音的辅音。前者发音时,声带颤动;后者发音时,声带不颤动。中国传统音韵学所谓清音,实际上就是不带音的辅音;所谓浊音,实际上就是带音的辅音。现在清音、浊音这两个术语已被采用为语音学的术语。

牙、舌、唇、齿、喉,都有清有浊。溪是群的清,群是溪的浊;透是定的清,定是透的浊;彻是澄的清,澄是彻的浊;滂是并的清,并是滂的浊;敷是奉的清,奉是敷的浊;清是从的清,从是清的浊;心是邪的清,邪是心的浊;穿是床的清,床是穿的浊;审是禅的清,禅是审的浊;晓是匣的清,匣是晓的浊②。

---

① 从前我采用瑞典汉学家高本汉(Karlgren)的说法,把日母拟成[ȵʑ],那种拟测主观的意味很重,所以放弃了。

② 这是依照江永《音学辨微》的说法。劳乃宣在他所著的《等韵一得》里,则以见群相配,知澄相配,帮并相配,非奉相配,精从相配,照床相配。李荣先生在他所著的《切韵音系》里,也认为群、澄、并、从、床等母是不送气的。这个问题尚待更深入研究。

　　浊音系统完整地保存在现代吴方言里,例如上海话"建""健"不同音(见群),"旦""但"不同音(端定),"镇""阵"不同音(知澄),"报""暴"不同音(帮并),"废""吠"不同音(非奉),"箭""贱"不同音(精从),"絮""叙"不同音(心邪),"壮""状"不同音(照床),"圣""盛"不同音(审禅),"汉""翰"不同音(晓匣)。现代普通话没有全浊音,只有次浊音,而次浊又不是跟次清相对的(见下文),所以清浊的分别并不显著。北方人学音韵学,在清浊的问题上,是应该特别留心的。

　　次清原指送气的一类清声母。溪、透、彻、滂、敷、清、穿都是送气的,被归入次清是当然的。晓被认为影的送气,因为晓是喉擦音[x],跟送气音很相近似([p']大致等于[p]+[h],等等),所以归入次清也颇合理。

　　全清原指不送气的一类清声母。心、审两母无所谓送气不送气,归入全清固然可以,归入次清也未尝不可,所以江永《音学辨微》认为"又次清"。

　　全浊指一般的浊音。在现代普通话里,全浊平声变了次清(送气);全浊仄声(上去入)变了全清(不送气)[①]。邪、禅两母归入全浊,现在多数字变了全清,少数字变了次清(如邪母的"词、辞",禅母的"成、臣")。

　　次浊指响音和半元音。响音指[ŋ](疑)、[n](泥)、ȵ(娘)、[m](明)、[ɱ](微)、[ʐ](日)、[l](来),半元音指[j](喻)。次浊并不是次清的对立面,所以《韵镜》叫做"清浊",《四声等子》《切韵指掌图》都叫做"不清不浊"。次浊在语言发展的道路上是和全浊分道扬镳的:北方话全浊上声字在宋代已经变了去声(如"但、叙"),而次浊上声则至今仍读上声(如"五、女、母、尾、耳、里、有");北方话

---

① 入声字有少数例外。

全浊入声字多数变了阳平,而次浊入声字则全部变了去声。

由上所述,可见三十六字母的知识是很重要的:第一,可以由此追溯上古的声母系统;第二,可以由此研究现代方音;第三,可以说明语音发展的规律。

但是,三十六字母只适合于宋代的语音系统;它不适合于《切韵》系统,也不适合于《中原音韵》系统。因此,我们还要分别叙述《切韵》的声母系统和《中原音韵》的声母系统。

《切韵》的声母系统

从《广韵》的反切上字归纳,可以得出《切韵》时代的声母 36 个。拿守温三十六字来比较,则是:

1. 应并者四个:非并于帮,敷并于滂,奉并于並,微并于明①;
2. 应分者四个:照穿床审各分为二;
3. 应分而又并者一个:喻分为二,其中之一并入匣母。

现在分别加以讨论:

(一)钱大昕曾经证明古无轻唇音(参看下文第六章),其实直到《切韵》时代,重唇音尚未分化为轻唇②,所以重唇字与轻唇字可以互切,例如:

帮非:卑,府移切("卑",帮,"府",非);
　　　并,府盈切("并",帮,"府",非);
　　　鄙,方美切("鄙",帮,"方",非);
　　　彼,甫委切("彼",帮,"甫",非);

---

① 法国国家图书馆藏有一个敦煌写本,第一行是"南梁汉比丘守温述",共列 30 个字母,即不芳並明、端透定泥、知彻澄日、见溪群疑来(见下有一"君"字,疑是误字)、精清从、审穿禅照、心邪晓、匣喻影。这正是归并的证明。"不芳並明"即"帮滂並明","芳"字读重唇。这个写本还缺了娘母和床母,大约是并娘于泥,并床于禅。
② 钱大昕还证明古无舌上音,但《切韵》时代舌上音已经从舌头音分化出来了,与轻唇情况不同。

兵,甫明切("兵",帮,"甫",非)。

滂敷:披,敷羁切("披",滂,"敷",敷);

丕,敷悲切("丕",滂,"敷",敷);

飙①,匹尤切("飙",敷,"匹",滂);

芝②,匹凡切("芝",敷,"匹",滂)。

並奉:平,符兵切("平",並,"符",奉);

皮,符羁切("皮",並,"符",奉);

便,房连切("便",並,"房",奉);

毗,房脂切("毗",並,"房",奉);

弼,房密切("弼",並,"房",奉)。

明微:美,无鄙切("美",明,"无",微);

明,武兵切("明",明,"武",微);

弥,武移切("弥",明,"武",微);

眉,武悲切("眉",明,"武",微);

绵,武延切("绵",明,"武",微);

靡,文彼切("靡",明,"文",微)。

（二）陈澧《切韵考》把正齿音分为两类,这是合乎《切韵》系统的真实情况。等韵家把韵分为四等（见下文第六章）,正齿音第一类只出现于二等上,我们可以叫做照二、穿二、床二、审二,也可以叫做庄母、初母、床母、山母;第二类只出现于三等上,我们可以叫做照三、穿三、床三、审三,也可以叫做照母、穿母、神母、审母。禅母只有三等,没有二等,所以没有分合的问题。

现在试举一些在现代普通话里同音而在《广韵》不同音的字为例,来证明在《切韵》系统中,照系二等和照系三等的分别是非常严

---

① 飙,今读 fū。

② 芝,今读 fān。

格的,例如:

照母:臻,侧诜切,二等;真,职邻切①,三等。

争,侧茎切,二等;征,诸盈切,三等。

爪,侧绞切,二等;沼,之少切,三等。

皱,侧救切,二等;呪,职救切,三等。

蘸,庄陷切,二等;占,章艳切,三等。

穿母:楚,创举切,二等;杵,昌与切,三等。

刬,初限切,二等;阐,昌善切,三等。

床母:士,鉏里切,二等;舐,神纸切,三等。

事,鉏吏切,二等;示,神至切,三等。

审母:师,疏夷切,二等;诗,书之切,三等。

史,疏士切,二等;始,诗士切,三等。

疏,所菹切,二等;书,伤鱼切,三等。

山,所间切,二等;羶,式连切,三等。

生,所庚切,二等;声,书盈切,三等。

梢,所交切,二等;烧,式昭切,三等。

朔,所角切,二等;烁,书药切,三等。

瘦,所佑切,二等;兽,舒救切,三等。

照系二等和三等的分别,在现代汉语里留下许多痕迹。在普通话里,许多照系二等字读[ts][ts'][s]开头,跟三等字的[tʂ][tʂ'][ʂ]区别开来,例如:

阻[tsu],照二等;煮[tʂu],照三等。

邹[tsou],照二等;周[tʂou],照三等。

搜[sou],审二等;收[ʂou],审三等。

森[sən],审二等;深[ʂən],审三等。

_____

① 今本《广韵》误作"侧邻切"。今依《切韵》残卷校正。

　　　　辎[tsʅ],照二等;之[tʂʅ],照三等。

　　　　淄[tsʅ],照二等;纸[tʂʅ],照三等。

有时候,不是从声母上分别,而是韵母上产生了差异,这也是反映了原来的不同,例如:

　　　　庄[tʂuaŋ],合口呼;章[tʂaŋ],开口呼。

　　　　疮[tʂʻuaŋ],合口呼;昌[tʂʻaŋ],开口呼。

　　　　霜[ʂuaŋ],合口呼;商[ʂaŋ],开口呼①。

有时候,声母、韵母都不同了,例如:

　　　　所[suo],暑[ʂu],本来同属审母语韵。

　　　　侧[tsʻɤ],职[tʂʅ],本来同属照母职韵。

　　　　色[sɤ],识[ʂʅ],本来同属审母职韵。

不但在普通话里保存着照系二等与三等分别的痕迹,而且在各地方言里也留下许多痕迹。这里不详细讨论了。

　　(三)陈澧《切韵考》把喻母分为两类,这也是合乎《切韵》系统的真实情况的。喻母第一类只出现于三等上,我们可以叫做喻三,又可以叫做于母;第二类只出现于四等上,我们可以叫做喻四,又可以叫做余母。喻三和喻四的反切上字是各不相混的,例如:

　　　　矣,于纪切,喻三;以,羊已切,喻四。

　　　　于,羽俱切,喻三;逾,羊朱切,喻四。

　　　　雨,王矩切,喻三;庾,以主切,喻四。

　　　　尤,羽求切,喻三;游,以周切,喻四。

　　　　有,云久切,喻三;酉,与久切,喻四。

　　　　炎,于廉切,喻三;盐,余廉切,喻四。

　　据我们所知,喻三与喻四在现代汉语的各个方言里都已经合流了。但是,在汉越语(越南语中的汉语借词)里,喻三与喻四的分别

---

① 原来这六个字都属齐齿呼。

是很明显的,例如"矣"读[vi],"以"读[zi];"于、雨"读[vu],"逾、
庾"读[zu]①;"尤、有"读[hʉu]②,"游、酉"读[zu]③。可见喻三与
喻四的界限是很清楚的。

　　但是,经罗常培的研究④,我们可以断定,喻三应该并入匣母。
依传统的说法,匣母只有一、二、四等,没有三等,喻三正好填补这个
空缺。《广韵》"雄",羽弓切,人们感到难于索解,因为"雄"在《七
音略》《韵镜》等书中都属匣母,似乎不该以"羽"字作为反切上字
("羽"属喻三);现在证明喻三归匣,这个问题也就跟着解决了。

　　综上所述,《切韵》的声母如下表:

　　牙　音:见[k]　　　溪[k‘]　　群[g‘]　　疑[ŋ]

　　舌头音:端[t]　　　透[t‘]　　定[d‘]　　泥[n]

　　舌上音:知[ȶ]　　　彻[ȶ‘]　　澄[ȡ‘]　　娘[ȵ]

　　唇　音:帮(非)[p]　　　滂(敷)[p‘]

　　　　　　並(奉)[b‘]　　　明(微)[m]

　　齿头音:精[ts]　　清[ts‘]　　从[dz‘]　　心[s]　　邪[z]

　　正齿音:庄[tʃ]　　初[tʃ‘]　　床[ʤ‘]　　山[ʃ]

　　　　　　照[tɕ]　　穿[tɕ‘]　　神[dʑ‘]　　审[ɕ]　　禅[ʑ]

　　喉　音:影[ʔ]　　晓[x]　　　匣(喻三)[ɣ]　　余(喻四)[j]

　　半舌音:来[l]

　　半齿音:日[ʐ]

---

① "于"与"雨"之间、"逾"与"庾"之间,还有声调的差别。下文"尤"与"有"之间、
　　"狱"与"酉"之间亦同。
② [ʉ]是最高的中部元音。
③ "游"与"逾"同音,"酉"与"庾"同音。
④ 罗常培《经典释文和原本玉篇中的匣于两纽》。

《中原音韵》的声母系统

《中原音韵》的声母系统已经非常接近现代普通话的声母系统。明兰茂的《韵略易通》(1442)以《早梅诗》二十字来代表当时(15世纪初)普通话的声母系统,而《中原音韵》的声母也正好是这二十个①。兰茂的《早梅诗》是:

> 东风破早梅,向暖一枝开
>
> 冰雪无人见,春从天上来

这二十个字母和守温三十六字母对照如下列的两个表:

《早梅诗》与守温字母对照表(一)

《早梅诗》	守温字母	例　字	守温字母		例　字
冰 p	帮	布班百闭	並	仄	步白傍暴
破 p'	滂	普潘拍披		平	蒲培旁袍
风 f	非	蕃飞夫方	奉		烦肥扶房
	敷	翻菲孚芳			
梅 m	明	美马慢冒			
无 v	微	文武亡物			
东 t	端	丁刁督店	定	仄	定调毒淡
天 t'	透	听挑秃添		平	亭条徒甜
暖 n	泥	乃奴年南	娘		女浓尼匿
来 l	来	赖卢连蓝			
见 k	见	干官坚涓	群	仄	近健共局
开 k'	溪	刊宽遣劝		平	群乾穷强

---

① 这是依照罗常培的说法。参看我所写的《汉语音韵学》。这个问题尚待更深入的研究。我在《汉语史稿》里,认为《中原音韵》共有 24 个声母,可参考。

续表

《早梅诗》	守温字母	例 字	守温字母		例 字
向 x	晓	好喜罕朽	匣		寒痕豪雄
一〇	影	渊乌优益	疑		元吴鱼义
	喻	袁俞尤翼			
早 ts	精	祖宗进积	从	仄	就聚族昨
				平	前残曹徂
从 ts'	清	亲操七促	邪	平	词辞
				平	松随旬徐
雪 s	心	新骚悉速		仄	遂似夕续

《早梅诗》与守温字母对照表（二）

《早梅诗》	守温字母	例字	守温字母		例字	守温字母		例字	守温字母		例字
枝 tʃ	知	珍株	澄	仄	阵逐	床	仄	助状			
	照	真珠									
春 tʃ'	彻	椿畜		平	陈除		平	唇船	禅	平	成臣
	穿	春出						神蛇			
上 ʃ	审	审书					仄	食实		仄	时熟
人 ȴ	日	儿戎柔然									

现在再加以说明,如下:

(1)浊塞音和浊塞擦音在变为清音以后,平声送气,仄声不送气,这是一般的规律。只有床母的变化比较不规则①。

(2)浊擦音禅、邪二母,平声一部分字读成塞擦送气。

(3)知照系字的情况相当复杂,有人主张分为[tʂ][tʂ'][ʂ]与[tɕ][tɕ'][ɕ]两类②,现在暂并为[tʃ][tʃ'][ʃ]一类,等到将来再仔细研究。

(4)照系二等与三等,在《中原音韵》中似乎没有分别(有些字音不同只是由于韵母不同,如"梢、烧")。有个别的照系二等字,已经像现代普通话那样,读成[ts][ts'][s],如"淄"(照二)与"资"(精)同音、邹(照二)与诹(精)同音等,表中不列出。也有个别字,现代普通话已读入[ts][ts'][s],而《中原音韵》未读入[ts][ts'][s]的,如"所"(语韵审二)、"数"(麌韵审二)同音(都读 su),"侧"(照二)、"摘"(知)同音,表中也不列出。

(5)疑母在《中原音韵》中可能还有[ŋ]音的痕迹,如"仰"(疑)不与"养"(喻)同音,"业"(疑)不与"叶"(喻)同音等。但是,至少可以说,绝大多数的疑母字都混入影、喻二母中去了。个别疑母字混入泥母,如"喏"(疑)与"捏"(泥)同音,但是有些疑母字还不像现代普通话那样读[n],如"倪"(疑)、"移"(喻)同音,"拟"(疑)、"以"(喻)同音,"逆"(疑)、"逸"(喻)同音,"牛"(疑)、"尤"(喻)同音,可见这些今天读[n]的疑母字在当时都读入喻母。

(6)微母的存在,这是《中原音韵》的一大特点。"亡"(微)不同于"王"(喻),"网"(微)不同于"往"(喻),"望"(微)不同于"旺"(喻),"无"(微)不同于"吴"(疑),"武"(微)不同于"五"

---

① 当然也有个别例外,例如"佩"字原属并母,但《中原音韵》读送气音,同"配"。现代普通话也是这样。也有《中原音韵》未变而现代普通话变了的,如"突"字属定母,当读不送气,《中原音韵》读如"毒",正是不送气,现代普通话读如"秃",就变为送气了。

② 参看陆志韦《释中原音韵》,见《燕京学报》第31期。

（疑），"务"（微）不同于"误"（疑）。唯一的例外是"微薇"（微）与"维惟"（喻）同音，那是因为"维惟"混到微母来了，跟今天的吴方言是一致的。微母独立的情况在北方话中维持了许久，直到兰茂的《早梅诗》中还有它①。

最后，我们谈谈《早梅诗》与现代普通话声母系统的比较。我们先看上文第二章所写的《太平歌》与《早梅诗》有什么不同：

报：冰	平：破	明：梅	方：风
东：东	太：天	难：暖	亮：来
歌：见开合	口：开开合	欢：向开合	
久：见早齐撮	齐：开从齐撮	喜：向雪齐撮	
众：枝	唱：春	笙：上	日：人
子：早开合	此：从开合	颂：雪开合	
夜：一，无			

由上表看来，只有"歌、口、欢，久、齐、喜，子、此、颂、夜"十个声母的情况比较复杂。实际上只有两个问题，现在分别加以讨论：

第一，是新声母[tɕ][tɕʻ][ɕ]的出现。这一套新声母有两个来源：一个是见系的齐撮呼，从[k][kʻ][x]分出；另一个是精系的齐撮呼，从[ts][tsʻ][s]分出。

见系在《中原音韵》时代，不论开合齐撮，一律读作[k][kʻ][x]，后来大约在16世纪已经有一些地区的人把见系齐齿呼和撮口呼的字读成了[tɕ][tɕʻ][ɕ]，例如：

基[ki]→[tɕi]	居[ky]→[tɕy]
见[kian]→[tɕian]	卷[kyan]→[tɕyan]
欺[kʻi]→[tɕʻi]	区[kʻy]→[tɕʻy]
谴[kʻian]→[tɕʻian]	劝[kʻyan]→[tɕʻyan]

---

① 明末传教士金尼阁（Nicolas Trigault）所著的《西儒耳目资》也有独立的 v 母。

希[xi]→[çi]　　　　　虚[xy]→[çy]

献[xian]→[çian]　　　训[xyn]→[çyn]

但是,或者由于这种演变还不够普遍,或者由于正音的概念,直到兰茂的《早梅诗》还没有把[tç][tç‘][ç]独立起来。

精系齐齿呼和撮口呼的发展成为[tç][tç‘][ç](与见系齐撮合流),更在见系齐撮的发展成为[tç][tç‘][ç]之后,直到清乾隆年间(18 世纪),有一个不知姓名的作者写了一部《团音正考》(1743),才区别了团音和尖音。这部书的序里说:"试取三十六字母审之,隶见溪群晓匣者属团,隶精清从心邪者属尖。"尖音的演变情况如下诸列:

赍[tsi]→[tçi]　　　　疽[tsy]→[tçy]

箭[tsian]→[tçian]　　俊[tsyn]→[tçyn]

妻[ts‘i]→[tç‘i]　　　趋[ts‘y]→[tç‘y]

千[ts‘ian]→[tç‘ian]　泉[ts‘yan]→[tç‘yan]

西[si]→[çi]　　　　　胥[sy]→[çy]

先[sian]→[çian]　　　宣[syan]→[çyan]

直到今天,京剧演员在唱和白里还讲究尖团音的分别。

第二,是[v]母的消失。消失以后,变为以半元音 w 开头的字,跟喻、疑二母合而为一①,例如:

微[vei]→[wei]＝围[wei]

亡[vaŋ]→[waŋ]＝王[waŋ]

无[vu]→[wu]＝吴[ŋu]→[wu]

此外,在《早梅诗》的时代,"枝、春、上、日"四母可能还不是卷舌音(日母虽标为[ɽ],也只表示跟[ʐ]部位相当的闪音),到了清初时代,大约就变为卷舌音了。

———————

① 　如果不计较声调的差别,也可说跟影、喻、疑三母合而为一。

综上所述,隋代以后的声母系统的发展大约可以分为四个阶段:(一)《切韵》时代的三十六声母;(二)守温的三十六字母;(三)《早梅诗》的二十声母;(四)《太平歌》的二十二声母。

第六章　等　韵

　　等韵,是古代的一种反切方法,主要表现为一种反切图,一般叫做韵图。在宋元两代,反切图是专为《切韵》《广韵》或《集韵》的反切而作的①。上文第三章里说过,中国古代没有拼音字母,反切的方法不是容易掌握的。等韵家想出了一种在当时看来是好的方法②,那就是把三十六字母和二百零六韵配合成图,使每一个音节都有它的位置。只要先学会了图中所有音节的读法,再按反切上下字的位置去推求,就能得到正确的读音(方法见下文)。

　　现存的等韵书完全依照上述这个原则来做的只有两部:一部是郑樵的《七音略》(在《通志》内),另一部是无名氏的《韵镜》。其实这两部书只是一部书,原名叫做《七音韵鉴》。郑樵在《七音略》序文里说:"臣初得《七音韵鉴》,一唱而三叹,胡僧有此妙义,而儒者未之闻!"《韵镜》序里援引了郑樵这一段话。镜就是鉴,《韵镜》就是《韵鉴》,除序文与韵图次序以及个别的字以外,《七音略》和《韵镜》并没有什么不同。

　　这两部书都包括四十三个韵图。郑樵把这些韵图叫做"内外转图"。其中包括内转韵共十九个图,外转韵共二十四个图③,

―――――――――

① 《切韵》《广韵》与《集韵》的语音系统基本上相同。

② 这种方法可能是受外来的影响。见下文所引郑樵《通志·七音略》。

③ 关于什么是内外转,还没有满意的解释。参见下文门法一节。

如下：

内转第一：东，董，送，屋；

内转第二：冬钟，肿，宋用，沃烛；

外转第三：江，讲，绛，觉；

内转第四：支，纸，寘；

内转第五：支，纸，寘；

内转第六：脂，旨，至；

内转第七：脂，旨，至；

内转第八：之，止，志；

内转第九：微，尾，未；

内转第十：微，尾，未①；

内转第十一：鱼，语，御；

内转第十二：模虞，姥麌，暮遇；

外转第十三②：咍皆齐，海骇荠，代怪霁，夬；

外转第十四：灰皆齐，贿③，队怪祭霁，夬；

外转第十五：佳，蟹，泰卦祭，废④；

外转第十六：佳，蟹，泰卦祭，废；

外转第十七：痕臻真，很隐轸，恨焮震，没栉质⑤；

外转第十八：魂谆，混准，慁稕，没术；

外转第十九：欣，隐，焮，迄；

---

① 《韵镜》第九、十两图入声格内都有废韵，注云"去声寄此"。《七音略》在此二图入声格内亦有废韵，并在第九图收一个"刈"字，但是，在十五、十六图内又有废韵。应以十五、十六图为准；第九图的"刈"字也应改入第十五图内。

② 《七音略》误作内转，依《韵镜》改正。

③ 《韵镜》贿下有骇，收"韤"字，按："韤"陟贿切，属贿韵，《韵镜》误。

④ 《七音略》在此图内有废的韵目，而格内无字。应将第九图的"刈"字移到此图内。

⑤ 这里隐只代表臻上声，焮只代表臻去声，没只代表痕入声。参看上文第四章。《韵镜》在此图内不列隐、焮两韵目。

外转第二十:文,吻,问,物;

外转第二十一:山元仙,产阮狝,裥愿线,锴月薛;

外转第二十二:山元仙,产阮狝,裥愿线,锴月薛;

外转第二十三:寒删仙先,旱潸狝铣,翰谏线霰,曷黠薛屑;

外转第二十四:桓删仙先,缓潸狝铣,换谏线霰,末黠薛屑;

外转第二十五:豪肴霄萧①,皓巧小篠,号效笑啸②;

外转第二十六:宵,小,笑;

外转第二十七:歌,哿,箇;

外转第二十八:戈,果,过;

外转第二十九:麻,马,祃;

外转第三十:麻,马,祃;

外转第三十一:覃咸盐添,感豏琰忝,勘陷艳㮇,合洽葉帖;

外转第三十二:谈衔严盐,敢槛俨琰,阚鉴酽艳,盍狎业葉;

外转第三十三:凡,范,梵,乏③;

内转第三十四④:唐阳,荡养,宕漾,铎药;

内转第三十五:唐阳,荡养,宕漾,铎药;

外转第三十六:庚清,梗静,敬劲,陌昔;

外转第三十七⑤:庚清,梗静,敬劲,陌昔;

外转第三十八:耕清青,耿静迥,诤劲径,麦昔锡;

外转第三十九:耕青,迥⑥,诤径,麦锡;

外转第四十:侯尤幽,厚有黝,候宥幼;

外转第四十一:侵,寝,沁,缉;

---

① 霄韵即宵韵。肴,《韵镜》作爻。

② 《七音略》在此图入声栏内收铎、药两韵,与第三十四图重复。今依《韵镜》删去。

③ 覃到乏,这些韵在《韵镜》中移到侵寝沁缉的后面。

④ 《七音略》误作外转,依《韵镜》改正。

⑤ 《七音略》误作内转,依《韵镜》改正。

⑥ 《韵镜》迥前有耿,但耿栏无字。

外转第四十二:登蒸,等拯,嶝证,德职;

外转第四十三:登蒸,等拯,嶝证,德职。

《七音略》的韵部次序与《广韵》的韵部次序不尽相同,大约是参照了《切韵》原来的次序。据王国维的考证,《切韵》原本的韵目次序是覃谈在阳唐之前,蒸登在盐添之后①,《七音略》的次序正是反映了这种情况,只不过由于盐添咸衔严凡六韵要与覃谈共图,所以索性把它们连带地也移到阳唐的前面罢了。

为了更好地说明问题,让我们先照录《七音略》的四个图,即第二十一图、二十二图、二十三图、二十四图,如下页②:

宋元的韵图有两呼四等。所谓两呼,就是开口呼和合口呼;所谓四等,就是在韵图中同一类声母、同一声调分为四类字。两呼四等简称等呼,这是等韵中最重要的概念,必须先交代清楚。

开口呼和合口呼,和后代所谓开口呼和合口呼不尽相同。很粗地说,开口一、二等是后代所谓开口呼,开口三、四等是后代所谓齐齿呼,合口一、二等是后代所谓合口呼,合口三、四等是后代所谓撮口呼。《音韵阐微》正是根据这个原则来决定开齐合撮四呼的③。

在四十三个韵图当中,有三十个是开口呼和合口乎相配④,那就是:第四图支开,第五图支合;第六图脂开,第七图脂合;第九图微开,第十图微合;第十三图哈皆齐开,第十四图灰皆齐合;第十五图佳开,第十六图佳合;第十七图痕臻真开,第十八图魂谆合;第十

---

① 王国维《书巴黎国民图书馆所藏唐写本切韵后》,见《观堂集林》卷八。

② 为了适应现在横排的印刷形式,这些图也改为横排。

③ 《音韵阐微》凡例:"依韵辨音各有呼法,旧分开合二呼,每呼四等。近来审音者于开口呼内又分齐齿呼,于合口呼内又分撮口呼,每呼二等,以别轻重。"但是江永在《音学辨微》、戴震在《声韵考》都说:"开口呼至三等则为齐齿,合口呼至四等则为撮口。"他们说合口到四等才算撮口,不知有何根据。

④ 开合,《七音略》称为"重轻";重指开口呼,轻指合口呼。又有所谓"重中轻、轻中重、重中重、重中轻",则未详所指。后来《四声等子》以轻重开合并存不废。

外转二十一			平		上		去		入	
帮		羽	煸	鞭		褊	扮	徧	捌	鷩
滂				篇			盼	艑		瞥
並				便		楩	办	便		婢
明			绵	魋		缅	萬	面	礦	灭
端	知	徵	𢬴						哳	
透	彻				㥟				獭	
定	澄		㺤				祖			
泥	娘		㘉						瘵	
见		角	间	㨻甄	简	捷	涧	建	鶧讦	𠃬
溪			攑	揵	龈言	遣		遣	籈	
群				籚		寋		健		揭
疑			訮言		眼言		狋	瓯	聐	钀
精	照	商		煎	酸	剪		箭		蠿
清	穿		㪗	迁	划	浅	屖		刹	督
从	床		㦸	钱	栈	践		贱	鍘	
心	审		山	仙	产	狦	幨	線	杀	薛
邪	禅			涎		缱		羡		
影		宫	顕	蔫		偃		堰	鷃	谒
晓			鼸	轩		幰		献	瞎	歇
匣			闲		限		苋		鎋	
喻				延		演		衍		抴
来		半徵	澜							
日		半商							髻	
			山 元 仙		产 阮 狝		裥 愿 線		鎋 月 薛	

①"玃"误作"矙","犿"误作"禅",今依《韵镜》改正。

②"魁"上原有"版、贩"二字,按:此二字不是产韵字,且与二十四图重复,应删。"梗"上有"扁"字,按:《广韵》无此音,今依《韵镜》删去。

③"魁"右原有"冕"字,系依《集韵》。但《集韵》阮韵"冕",忙晚切,属合口,不应入此图。今依《韵镜》删去。

④"喂"字《广韵》所无,《韵镜》未收。《集韵》:"喂,丑辖切。"此依《集韵》。

⑤"捷"误作"犍",今依《韵镜》改。"言、言"都误作"言",今依《广韵》改。

⑥《韵镜》"遣"上有"蹇"字,误。

⑦"狋"误作"襽",依《韵镜》改。原缺"繴"字,依《韵镜》补。

⑧《广韵》没有"扮"字,此依《集韵》。《韵镜》同。"盼"原作"盼",依《韵镜》改。

⑨《广韵》没有"礥"字,此依《集韵》。《韵镜》同。"祖"原作"祖",依《韵镜》改。

⑩《广韵》没有"犴"字,此依《集韵》。原误作"豜",依《集韵》改。

⑪"建"下原有"虜",《韵镜》无,疑误,故未录。"健"原作"健",依《韵镜》改。

⑫《广韵》没有"靡、帴"二音,《韵镜》未收。此处"靡"依《集韵》,"帴"亦当有所本。

⑬原无"听、獭、瘶"三字,依《韵镜》补。

⑭"鷬"原作"鸹",依《韵镜》改。睹,原缺,依《韵镜》补。

⑮《韵镜》"斯"归照母,误。

⑯笒,《广韵》所无,此依《集韵》。《韵镜》作"窃",误。

⑰"鶡、瞎、锗、谒、歇、髻"六字原缺,依《韵镜》补。"鶡"字处,《七音略》有"韓"字,误。

声母	七音	平一	平二	平三	平四	上一	上二	上三	上四	去一	去二	去三	去四	入一	入二	入三	入四
帮/非	羽			藩				反				贩				发	
滂/敷				翻								娩				怖	
並/奉				烦				饭				饭				伐	
明/微				樠				晚				万				襪	
端/知	徵				䟆									鹡			
透/彻														顝			
定/澄			宆														
泥/娘														妠			
见	角		鬝					卷	玦		鬝	挙	绢		刮	厥	
澄									稽				券			阙	缺
群				權				卷	蜎			圈				𤢐	
疑			顽	元				阮				愿			刖	月	
精/照	商		恮	镌				媵			挊						蕝
清/穿				诠				蓮			籔		缏		籑		膬
从/床				全				隽									绝
心/审			栓	宣				选			篹		选		刷		雪
邪/禅				旋				趶					旋				𫄨
影	宫		嬽	鸳	娟			婉				怨				㙟	
晓				暄	翾			咺	蠉			楦				颴	
匣			湲			幻								颉			
喻				袁	沿			远	兖			远	掾			越	悦
来	半徵半商		㢊														
日																	
			山	元	仙		产	阮	狝		裥	愿	线		铩	月	薛

①橌,原作"撋",依《韵镜》改正。

②《广韵》山韵没有"窀、爐",此依《集韵》。

③卷,原作"亦",误,今依《韵镜》改。《韵镜》系依《集韵》。

④去声收"鱫"字系依《集韵》。《韵镜》同。

⑤《广韵》无"珝、蜎"二音。此处"蜎"系依《集韵》,"珝"或亦有所本。

⑥"犟"原作"犟",依《韵镜》改。

⑦怿,庄缘切,《韵镜》入穿母,误。

⑧"嫚、浸、爐"都是依《集韵》。《韵镜》同。

⑨"晅"原作"暅",误,今依《韵镜》改。

⑩《韵镜》"姎"下有"旻"字,《七音略》未收。按"旻"乃三等字,未收为是。

⑪《韵镜》无"薓、趚"二字。按:《广韵》《集韵》也都未收。

⑫穿母三等原收"敠"字。按:《集韵》"敠",刍万切,二等字不应入三等。《韵镜》不收,今移置二等。

⑬"缘"下原有"泉"字,大概是错字,今删。

⑭"纂"上原有"茁"字。按"茁"属黠韵,见二十四图。此处应删。

外转二十三			平				上				去				入			
帮						边		辡	编					遍			箯	弥
滂		羽							鴘					片				嫳
並						蹁		辨	辯				辯				别	蹩
明						眠			免	丏				麫			礣	篾
端	知		单	遭	颠	寣			展	典	旦	驙		殿	怛	哳	哲	窒
透	彻	徵	滩		天	坦		脈	畟	晪	炭	阗	暴	瑱	呾		彻	铁
定	澄		坛		缠	田	但				惮		遭	电	达	哒	辙	姪
泥	娘		难			年	摊	赧	趁	撚	难		辗	晛	捺	疿		涅
见			干	姧		坚			蹇	笕	旰	谏		见	葛	戛	揭	结
溪		角	看	骭	愆	牵	侃								渴	猰	朅	猰
群					乾				件				健				杰	
疑			豻	颜		妍	釿	齴	㹉		岸	雁	彦	砚	嶭		孽	齧
精	照						饘	餞	鬋	酢	赞		战	荐	噂	札	浙	节
清	穿		餐		千			戔	闡		粲	铲	磛	蒨	攃	察	掣	切
从	床	商	残	潺	前				巑	戺		孱	栈	荐			舌	戳
心	审		珊	删	羶	先	散	潸	燹	铣	繖	讪	扇	霰	躠	杀	设	屑
邪	禅				鋋				善				缮				折	
影			安	焉	烟		侒				按	晏	躽	宴	遏	轧	焆	噎
晓		宫	預	嗎	袄		罕					汉		显	顯	頣	偐	娎
匣			寒		贤		旱	僩		睍	翰	骭		现	曷	黠		纈
喻					漹													
来		半	阑	连	莲		嬾	辇			烂		瘽	练	剌		列	
日		徵半商			然				蹨								热	栵
			寒	删	仙	先	旱	潸	狝	铣	翰	谏	线	霰	曷	黠	薛	屑

①"编"字原缺,今依《韵镜》补。丏,原误作"丐"。

②"遍"字原缺,今依《韵镜》补。辩,原作"辨",今依《集韵》改。

③"礦、傂"同音,二十四图已收"傂",此处嫌重出。

④摊,乃坦切,依《集韵》。原误作"滩",今依《韵镜》改。

⑤"赧"原作"赦"。"赦、赧"同字。今依《韵镜》作"赧",取其比较通行。

⑥"殄"字原缺,今依《韵镜》补。

⑦"屖"前原有"婵"字,误,今依《韵镜》删去。

⑧"听、呾、哒"都是依《集韵》。

⑨《韵镜》"惢"上有"甄"。《七音略》"甄"入二十一图四等,与《集韵》合。《集韵》"甄",稽延切。

⑩疑母上声一等原有"郢"字,疑误,未录入。《韵镜》无此字。

⑪"㦬"依《集韵》。《韵镜》不收,《指掌图》收。

⑫旰,原误作"盰",《韵镜》误作"肝",今依《广韵》改正。

⑬傞,《韵镜》无。此依《集韵》。

⑭"残"原作"戋",今依《韵镜》改。

⑮"醝"原缺,今依《韵镜》补。"瞄"原作"瞎",误,今依《韵镜》改。

⑯《韵镜》"散"与"繖"的位置对调,《七音略》与《广韵》同。

⑰"磢"原作"磦",误,今依《韵镜》改。

⑱《韵镜》没有"嘈",此依《集韵》。

⑲"杀"原作"樧",今依《韵镜》改。

⑳"戳"原作"撅",今依《韵镜》改。

㉑《韵镜》没有"侒",此依《集韵》。

㉒"忛"原归匣母,误,今依《韵镜》改。

㉓"岘"原误作"现",今依《韵镜》改。

㉔"僧"字原缺,依《韵镜》补。

㉕"嬾"原作"烂",今依《韵镜》改。

㉖"蹨"原误作"躖",依《韵镜》改。

㉗"类"原缺,今依《韵镜》补。

外转二十四			平				上				去				入			
帮		羽	黰	班			奿	板			半		变		拨	八		
滂			潘	攀			坢	眅			判		襻		鏺	汃		
並			盘	𧵣			伴	阪			畔		卞		跋	拔		
明			瞒	蛮	懑		满	矕			谩		慢		末	帓		
端	知	徵	峛				短	转			锻	啭			掇	窡	辍	
透	彻		湍	鐉			疃	𦝤			彖	猭			侻	蔽		
定	澄		团	椽			断	篆			段	传			夺			
泥	娘		澳	奻			馁	腝			便	奻			豽	呐		
见		角	官	关	勬	涓	管		卷	畎	贯	惯	眷	睊	括	劀	蹶	玦
溪			宽		悬		款			犬	鳏		紶	䯏	阔	勬		闋
群					权				圈				趡	倦				
疑			𡸳	痯			輐				玩	薍			梏	聉		
精	照	商	钻	跧	专		纂	㜺	劗		攒		劗		缵	苗	拙	
清	穿		悛		穿		爨	𢤱	舛		窜	篡	釧		撮	剿	歠	
从	床		攒	狗	船		𪗽	撰			攒	馔	捷		拙	辭		
心	审		酸	㩉			算	𢷋	旋		算	孿	總		俶	说		
邪	禅						蝡		膞						啜			
影		宫	剜	弯	嬽	渊	椀	绾	宛	蜎	愐	绾		韻	斡	婠	哕	抉
晓			欢		鋗						唤		绚	豢	僒	昡		血
匣			桓	还	玄	缓	皖		泫	换	患		县	活	滑			穴
喻				员									瑗					
来		半徵商	鸾	挛	卵						乱	恋			将	劣		
日					堧				软			喕				爇		
			桓	删	仙	先	缓	潸	狝	铣	换	谏	线	霰	末	黠	薛	屑

①朌，《韵镜》无，此依《集韵》，但误作"盼"，今改正。

②懀，《韵镜》无，此依《集韵》。

③"叛"原误作"叛"，今依《韵镜》改正。

④谩，《韵镜》作"缦"。

⑤"襻"上原有"襻"字。按：《广韵》《集韵》皆无此字，《韵镜》未收，今删。

⑥"卞"字原缺，今依《韵镜》补。

⑦耑，《韵镜》作"端"。二字同音。《广韵》以"端"为首字，《集韵》以"耑"为首字，此依《集韵》。

⑧《韵镜》无"澳、鏷"，此依《集韵》。

⑨餪《韵镜》作"暖"，二字同音。

⑩《韵镜》没有"脬、膄"二字，此依《集韵》。但误作"脬、腰"，今改正。

⑪猭，《韵镜》作"掾"，《七音略》作"㮝"，皆误。今依《广韵》改正。

⑫"传"字右边原有"綻"字，误。今依《韵镜》删去。

⑬"輐"系依《集韵》。原作"輐"，误，今依《韵镜》改。

⑭"鏉"原作"鏙"，误，今依《韵镜》改。

⑮騴，《韵镜》无，此依《集韵》。

⑯"枂"原作"拥"，误，今依《韵镜》改。

⑰"㩦"字不见于《广韵》《集韵》，只见于《字汇》，疑后人所增。《韵镜》无。

⑱"狗"原作"犳"，今依《韵镜》改。

⑲毚，《说文》大徐本千短切，此依《说文》本。鄝，《广韵》辞篡切，应属邪母，但邪母无一等字，这里归入从母是有道理的。

⑳蟤，《类篇》苗撰切；惴，《广韵》有初绾一切；撰，《集韵》式撰切。

㉑膞，《韵镜》误入审母。

㉒"纂"上原有"恮"字，疑误，故删。《韵镜》此格无字。

㉓《广韵》"挱"属禅母，《集韵》属床母，此依《集韵》。"缲"亦床母字，此作审母。

㉔"剗"与二十二图"鏟"同音，应删。"䶪"，《集韵》士滑切，确应在此格。"叔"原作"刷"，在"柮"左，与二十二图重复，应是"叔"之误（《韵镜》亦误）。叔，所劣切，正是二等字。

㉕啜，《玉篇》有常悦一切。《韵镜》此格无字。

㉖"软"原作"臑"，今依《广韵》改。

九欣开,第二十文合;第二十一山元仙开,第二十二山元仙合;第二十三寒删仙先开,第二十四桓删仙先合;第二十七歌开,第二十八戈合;第二十九麻开,第三十麻合;第三十四唐阳开,第三十五唐阳合;第三十六庚清开,第三十七庚清合;第三十八耕清青开,第三十九耕清青合;第四十二蒸登开,第四十三蒸登合①。

关于开口呼与合口呼,下面谈到韵摄时还要再讲。现在先谈一谈四等。

同一个声母,同一个声调,在同一个韵图内可以有四等,如"官关勬涓、岸雁彦砚"等。可见等的差别不在声母,也不在声调,而是在韵母的不同。所谓韵母的不同,是不是指韵头的不同呢? 从前有人这样设想过,所以他们拿四呼来比较四等,以为每呼有两等。这样,我们就讲不出一等和二等的分别、三等和四等的分别来。假定"官关勬涓"像现代普通话那样读成 kuan、kuan、tɕyan、tɕyan,一等和二等就混同了,三等和四等也混同了。又假定"岸雁彦砚"像现代普通话那样读成 an、ian、ian、ian,一等和二等虽然有了分别,二、三、四等却又都混同了。因此我们得出初步的结论:在某些韵图中,四等的分别,不在乎韵头的不同,而在乎主要元音的不同。

但是,并不是所有的韵图的等都表示着不同的韵部,例如《七音略》第一图,平声一等有"公空"等字,二等有"崇"等字,三等有"弓穹"等字,四等有"嵩融"等字,而所有这些字都是属于东韵的。那么,为什么分为四个等呢? 这有两个原因:第一,由于韵头的不同,即以东韵而论,一等是[uŋ],三等是[iuŋ];第二,由于声母的不同,庄初床山四母的字照例必须排在二等,精系字必须排在一、四等(有韵头 i 的必须排在四等),余母字也必须排在四等。按《切韵》的系统,东韵只有两类②,严格地说,东韵实际上只有一等和三

---

① 这里只举平声韵,上、去、入三声可以类推。下同。
② 见陈澧《切韵考》。

等,庄系字之所以入二等,精系三等字之所以入四等,余母之所以入四等,都是等韵的规则(门法)所造成。因此,我们可以认为"崇"等字是假二等,"嵩融"等字是假四等。关于声母跟等的关系,下文还要讨论到。

各韵部所包含的等如下表:

(甲)一等韵:冬模泰灰咍魂痕寒桓豪歌唐登侯覃谈;

(乙)二等韵:江佳皆夬臻删山肴耕咸衔;

(丙)三等韵:微废文欣元严凡;

(丁)四等韵:齐先萧青幽添;

(戊)一、二、三、四等韵:东;

(己)二、三、四等韵:支脂之鱼虞真谆仙麻阳蒸尤侵;

(庚)二、三等韵:庚;

(辛)三、四等韵:钟祭宵清盐;

(壬)一、三等韵:戈。

声母也跟等发生关系。并不是所有的声母都具备四等。三十六字母在韵图中分等的情况是这样:

(甲)一、二、三、四等俱全的:影晓见溪疑来帮滂并明;

(乙)只有一、二、四等的:匣;

(丙)只有一、四等的:端透定泥精清从心;

(丁)只有二、三等的:知彻澄娘照穿床审;

(戊)只有三、四等的:喻;

(己)只有三等的:群禅日非敷奉微;

(庚)只有四等的:邪。

在《七音略》和《韵镜》中,三十六字母不是分为三十六行,而是分为二十三行:重唇与轻唇同行,舌头与舌上同行,齿头与正齿同行。如上所述,舌头音(端系)只有一、四等,舌上音(知系)只有二、三等,正好互相补足;齿头音(精系)只有一、四等,正齿音(照系)只有二、三等,也正好互相补足。轻唇音只有三等,而且只出现于合口呼,轻唇音出现的地方正巧没有重唇音(因为这些轻唇音是由重唇变来的),所以也正好互相补足。这样归并为二十三行,并不单纯为了节省篇幅,更重要的是表现了舌头与舌上之间、齿头与正齿之间、重唇与轻唇之间的密切关系,即历史上的联系。

现在讲到我们怎样利用这些韵图。假定我们查字书,或看《经典释文》等书,或看经史诸子的注释,其中有一个反切,一时切不出它的读音,就可以从韵图中查出来。

查音方法第一步是查出反切上字和反切下字各属于哪一个韵图。《七音略》和《韵镜》的韵部次序虽然跟《广韵》的韵部次序不尽相同,它们毕竟是大致相同的。我们只要记熟了《广韵》的平声韵部(上、去、入声类推),就能大致知道某韵在某图或在其附近的图。拿《七音略》来说,除了麻韵与阳韵中间插入覃谈盐添咸衔严凡八个韵,幽韵与蒸韵中间插入侵韵以外,其余次序完全和《广韵》相同。至于《韵镜》的韵部次序,跟《广韵》的次序更相近似,只有蒸登移到最后这一点跟《广韵》不同,其余由东到凡,没有一处不一样。这样,只要知道反切上字或下字属于什么韵,就大致可以知道它在哪一个韵图了[①]。

知道了反切上字和下字属于哪一个韵图以后,这第二步就好办了,例如《诗·郑风·溱洧》:"士与女,方秉蕳兮。"注云:"蕳,古颜反。"我们先从《七音略》或《韵镜》第十二图中查到了"古"字,知道它属于见母;再从第二十三图查到了"颜"字,知道它在平声第二格;然后在这第二十三图见母平声第二格查到了"奸"字,我们就知道"蕳"字应读如"奸"音。这个办法叫做横推直看:反切下字一定跟我们所要知道的读音同图、同一横行,反切上字一定跟我们所要

————————

① 当然某字属某韵还是要凭硬记的。如果记不清楚,只好多查几个韵图。

知道的读音同一直行,但是大多数不同图。这种横推直看的办法,在等韵书中叫做归字。

归字的结果,也许查到的是一个生僻的字,例如《诗·卫风·淇奥》"赫兮咺兮",注:"咺,况晚反。"我们先从《七音略》第三十五图或《韵镜》第三十二图找到了"况"字,知道它属于晓母①;再从第二十二图查到了"晚"字,知道它在上声第三格,然后在这第二十二图晓母上声第三格查到了"咺"字②。这个"咺"字虽是一个生僻的字,但是同一直行平声第三格有个"暄"字,我们就知道它的读音是"暄"的上声。

归字的结果,又可能查到的就是被切的本字,例如《诗·卫风·氓》"士贰其行",注:"行,下孟反。"我们先从《七音略》或《韵镜》第二十九图查到了"下"字,知道它属于匣母;再从《七音略》第三十六图或《韵镜》第三十三图查到了"孟"字,知道它在去声第二格③,然后在这第三十六图或第三十二图匣母去声第二格查到了"行"字。这也不算白查,因为同一直行上声第二格有个"杏"字,我们就知道它的读音是"杏"的去声了④。

古人的反切用字并不一致,有时候不同的反切可以切出同样的读音来,例如《诗·邶风·日月》"乃如之人兮,逝不相好",注:"好,呼报反。"我们先从《七音略》或《韵镜》第十二图中查到了"呼"字,知道它属于晓母;再从第二十五图查到了"报"字,知道它在去声第一格。这样,在这晓母去声第一格找到的是个"耗"字。《广韵》:"好,呼到切。"《集韵》:"好,虚到切。"反切纷歧到这个地

---

① "况"字今普通话读 kuɑng[kʻuaŋ],是读入溪母了。

② 《七音略》误作"咺",《韵镜》不误。

③ 今本(商务印书馆《万有文库》本)《七音略》"孟"字误在第三格,"命"字误在第二格,当依《韵镜》以"孟""命"二字的位置对调。

④ "杏"字原读上声,但现在变了去声,那就跟"士贰其行"的"行"完全同音了。

步,假如不懂反切的道理,就会莫名其妙了。其实按照横推直看的办法,查出来都是"秏"字的读音。后来《音韵阐微》把去声的"好"注作黑奥切,仍然是异途同归,读音没有什么两样。

　　这种查音的方法,看来很笨,其实很稳。古人称赞这种方法"万不失一"①,确实是这样。其实查熟了以后也不需要这么多的手续,譬如说,一看反切上字就知道它属于哪一个字母,那么只须查反切下字所属的那一个韵图就够了。

　　等韵的创始人安排这四十三个韵图是煞费苦心的:必须让每一个音节(即每一个反切)在韵图中都有它的位置。举例来说,元寒桓删山先仙这七个韵之所以不能并为两个韵图(开口、合口各一),而必须分为四个韵图(开、合各二),就因为删山都有二等字,元仙都有三等字,先仙都有四等字,合并起来必将顾此失彼。现在删山元先各有开、合两图,就能做到"一个萝卜一个坑",各不相犯。仙韵共占四图,因为它既有三等字,又有四等字,如果没有那么多格子,是摆不下的。作者巧妙地把仙韵四等安排在元韵下面,因为元韵没有四等,又巧妙地把仙韵三等安排在先韵上面,因为先韵没有三等②。第二十五图安排豪肴宵萧,第二十六图安排宵,第三十一图安排覃谈盐添,第三十二图安排谈衔严盐,第三十六、三十七两图安排庚清,第三十八图安排耕清青,第三十九图安排耕青,也都是按照同样的原则来处理的。

　　有些韵图尽管字少,也不能合并到别的韵图上去。第九、十两图微韵字少,但是不能并入支脂之,因为支脂之三韵本身就有三等字(之韵又没有合口呼),而微韵正是三等韵。第十五、十六两图佳韵字少,但是不能并入第十三、十四两图,因为第十三、十四两图中已有二等皆韵,而佳韵也正是二等韵。第二十六图宵韵四等字并

①　邵光祖《切韵检例》(附在《切韵指掌图》后面)说:"此乃音和切,万不失一。"
②　当然还有另一个排法就是把先韵排在元韵下面,让仙韵三、四等共居一图。

不多,但是第二十五图四等的位置已给了萧韵,就只好另作一图了。第十九图欣韵因为第十七图中没有它的位置,第二十图文韵因为第十八图中没有它的位置,所以也都不能不另找出路。最后说到凡韵,由于收[m]尾的韵只有它是合口呼,虽然字数最少也不能不另立一图。

由此看来,四十三图都是有道理的,不是随便拼凑的。

《切韵》和等韵的参差

等韵虽然基本上是按照《切韵》系统来安排的,但是也难免有参差的地方。主要表现在韵母系统上。

《切韵》的韵母数目比韵部数目多些。由于韵头的不同,一个韵部可能包括两三个乃至四个韵母。韵母和等有一定的关系:有时候,在一个韵图中,一个韵母恰好就跟一个等相当,例如寒韵恰好就是第二十三图平声一等,删韵的第一类韵母恰好就是第二十二图平声二等,先韵第一类韵母恰好就是第二十二图平声四等。但是,有时候,一个韵母并不恰好跟一个等相当,例如仙韵第一类韵母就分为二、三、四等,如"潺",士连切,属二等;"氈",式连切,属三等,"涎",夕连切,属四等。

现在我们把《切韵》中的韵母和等韵中的等对比如下[①]:

一东:(甲)红类,合一等;(乙)弓类,合二、三、四等[②]。

二冬:冬类,合一等。

三钟:容类,合三、四等。

---

① 除祭泰夬废四韵外,举平声包括上、去、入声。《切韵》时代实际上没有这样多的韵母(已见上文),但《七音略》及《韵镜》的作者仍然看成是有这样多的韵母。

② 这里的开口呼与合口呼有个别地方与《韵镜》不一致。这是参照了《切韵指南》以及一般的说法。《七音略》没有开口、合口的名称,其所谓"重、轻"实际上指开、合,与《韵镜》不一样,而与《切韵指南》相近。

　　四江:江类,合二等①。

　　五支:(甲)支类,开二、三、四等;(乙)为类,合二、三、四等。

　　六脂:(甲)夷类,开二、三、四等;(乙)追类,合二、三、四等。

　　七之:之类,开二、三、四等。

　　八微:(甲)希类,开三等;(乙)非类,合三等。

　　九鱼:鱼类,合二、三、四等。

　　十虞:俱类,合二、三、四等。

　　十一模:胡类,合一等。

　　十二齐:(甲)奚类,开四等;(乙)携类,合四等。去声十三祭:
(甲)例类,开三、四等;(乙)芮类,合三、四等。去声十四泰:(甲)
盖类,开一等;(乙)外类,合一等。

　　十三佳:(甲)佳类,开二等;(乙)蜗类,合二等。

　　十四皆:(甲)皆类,开二等;(乙)怀类,合二等。去声十七夬:
(甲)犗类,开二等;(乙)夬类,合二等。

　　十五灰:回类,合一等。

　　十六咍:来类,开一等。去声二十废:(甲)刈类,开三等;(乙)
废类,合三等。

　　十七真:(甲)邻类,开二、三、四等;(乙)赟类,合三等。

　　十八谆:伦类,合二、三、四等。

　　十九臻:臻类,开二等。

　　二十文:云类,合三等。

　　二十一欣:斤类,开三等。

　　二十二元:(甲)言类,开三等;(乙)袁类,合三等。

　　二十三魂:昆类,合一等。

---

① 江韵归合口呼是依《切韵指掌图》。但《四声等子》和《切韵指南》则以唇牙音归开
　口,舌齿音归合口。

二十四痕:痕类,开一等。

二十五寒:干类,开一等。

二十六桓:官类,合一等。

二十七删:(甲)奸类,开二等;(乙)关类,合二等。

二十八山:(甲)闲类,开二等;(乙)顽类,合二等。

一先:(甲)前类,开四等;(乙)玄类,合四等。

二仙:(甲)连类,开、二、三四等;(乙)缘类,合二、三、四等。

三萧:聊类,开四等。

四宵:遥类,开三、四等。

五肴:交类,开二等。

六豪:刀类,开一等。

七歌:何类,开一等。

八戈:(甲)禾类,合一等;(乙)靴类,合三等。

九麻:(甲)加类,开二等;(乙)遮类,开三、四等;(丙)瓜类,合二等。

十阳:(甲)良类,开二、三、四等;(乙)方类,合三等。

十一唐:(甲)郎类,开一等;(乙)光类,合一等。

十二庚:(甲)庚类,开二等;(乙)京类,开三等;(丙)横类,合二等;(丁)兵类,合三等。

十三耕:(甲)耕类,开二等;(乙)萌类,合二等。

十四清:(甲)盈类,开三、四等;(乙)营类,合三、四等。

十五青:(甲)经类,开四等;扃类,合四等。

十六蒸:(甲)陵类,开二、三、四等;(乙)国类(入声),合三等。

十七登:(甲)登类,开一等;(乙)肱类,合一等。

十八尤:鸠类,开二、三、四等。

十九侯:侯类,开一等。

二十幽：幽类，开四等。

二十一侵：林类，开二、三、四等。

二十二覃：含类，开一等。

二十三谈：甘类，开一等。

二十四盐：廉类，开三、四等。

二十五添：兼类，开四等。

二十六咸：咸类，开二等。

二十七衔：衔类，开二等。

二十八严：严类，开三等。

二十九凡：凡类，合三等。

由上表看来，《切韵》的韵母在等韵中表现为下列的五种情况：

（1）纯一等，包括一等韵如冬模，一等韵母如东甲；

（2）纯二等，包括二等韵如江佳，二等韵母如庚甲、庚丙；

（3）纯三等，包括三等韵如微文，三等韵母如庚乙、庚丁；

（4）准三等，表现为二、三、四等的混合，如支脂之等韵部及东乙、真甲等韵母，或三、四等的混合，如钟祭宵清盐五韵。这些韵母的反切下字是二、三、四等都一样的，其中以三等字为最多，在性质上与纯三等有许多共同点，所以叫做准三等。此外还有一个幽韵，它在等韵中虽属四等，但是就反切的性质则应属于三等（见下文）。

（5）纯四等，即齐先萧青添五韵。

就反切上字来看，也有值得注意的一种现象，就是见溪疑影晓来帮滂並明十个声母都有三等专用的反切上字，跟一、二、四等的反切上字区别开来[1]。这十个字的主要反切上字是：

（一）见母一、二、四等：古公；三等：居举九。

---

[1]　虽然有极少数的例外，但是区别是很显著的。群禅日三母本来只有三等，这里不必再提。照系二、三等分立，喻母三、四等分立，上文讲过，这里也不再讲。非敷奉微在《切韵》时代与帮滂並明未分家，所以不必另列。

（二）溪母一、二、四等:苦口;三等:去丘;

（三）疑母一、二、四等:五吾;三等:鱼语牛。

（四）影母一、二、四等:乌;三等:于乙。

（五）晓母一、二、四等:呼火;三等:许虚香况。

（六）来母一、二、四等:卢郎落鲁;三等:力良吕。

（七）帮母一、二、四等:博北布补;三等:方甫府必彼。

（八）滂母一、二、四等:普匹;三等:芳敷。

（九）并母一、二、四等:蒲薄傍;三等:符扶房皮毗。

（十）明母一、二、四等:莫;三等:武亡弥无。

依照上述这些情况看来,如果韵图中共有几个韵部,一般地说,一等韵的主要元音应该是一个较后的元音,即[ɑ]或[o],二等韵的主要元音应该是一个较前的元音,即[a],三等韵的主要元音应该是一个更前的元音,即[ε],四等韵的主要元音应该又比[ε]更前,即[e]。三等韵有韵头[i],这个韵头[i]的发音部位很高,使前面的辅音容易腭化(像俄语的软音字母)。以寒删仙先四韵为例,它们的拟音应该是[ɑn][an][iεn][en];但是四等韵的[en]很早就跟[iεn]合流了,韵母所反映的四等韵只是历史的陈迹了。

如果韵母中只有一个韵部,如东文凡诸韵,又如果韵母中虽有两个韵部,但那是同用的韵部,如冬钟同图、模虞同图、阳唐同图、蒸登同图、尤侯幽同图,那么,等的不同就并不反映主要元音的不同。

拟音的问题比较复杂,牵涉到汉语史的范围,这里不多讲了。

韵图的简化

四十三韵图是根据《切韵》(后来是《广韵》《集韵》)的系统来制成的。但是,上文说过,《切韵》系统并不反映具体语言的实际语音系统,特别是后来语言有了发展,原来的韵图更显得不合适了。

于是人们开始把四十三韵图简化为十六摄,《四声等子》《切韵指南》就是这样做的。

《四声等子》不知何人所作,成书时代大约在 12 世纪以后。《切韵指南》为元刘鉴所作,全名是《经史正音切韵指南》,成书在至元二年(1336)①。这两部书的性质非常相近。

根据《四声等子》和《切韵指南》,十六摄的名称及其与四十三图对照如下表:

韵摄名称	《七音略》的图	所包括的韵部
(1)通摄②	1,2	东冬钟
(2)江摄	3	江
(3)止摄	4,5,6,7,8,9,10	支脂之微
(4)遇摄	11,12	鱼虞模
(5)蟹摄	13,14,15,16	齐祭泰佳皆央灰咍废
(6)臻摄	17,18,19,20	真谆臻文欣魂痕
(7)山摄	21,22,23,24	元寒桓删山先仙
(8)效摄	25,26	萧宵肴豪
(9)果摄	27,28	歌戈
(10)假摄	29,30	麻
(11)宕摄	34,35	阳唐
(12)梗摄	36,37,38,39	庚耕清青
(13)曾摄	42,43	蒸登
(14)流摄	40	尤侯幽
(15)深摄	41	侵
(16)咸摄	31,32,33	覃谈咸衔盐添严凡

---

① 《康熙字典》前面附有《等韵切音指南》,大致根据《经史正音切韵指南》,但是已经不是刘鉴原书的样子。

② 摄的名称也跟韵的名称一样,是随便举个代表字。

　　《四声等子》共分为二十个图：附江于宕，附梗于曾，附假于果，而止蟹臻山果宕曾各分为开合二图。《切韵指南》不再附江于宕，附梗于曾（但仍附假于果），而除了把止蟹臻山果假宕梗曾各分为开、合二图以外，又把咸摄分为开、合二图（这一点与《四声等子》不同），并把江摄开、合二呼合为一图（这一点也与《四声等子》稍异），共成二十四个图。

　　在这两部书中，三十六字母的次序也跟《韵镜》《七音略》不同。其次序是：见溪群疑、端透定泥、知彻澄娘、帮滂并明、非敷奉微、精清从心邪、照穿床审禅、晓匣影喻、来日。这个顺序是牙舌唇齿喉，而不再是唇舌牙齿喉；在喉音当中，也把次序移动了一下，使晓匣配对，影喻配对（《韵镜》《七音略》原以影晓匣喻为序）。

　　《韵镜》《七音略》是先排四等，后排四声；《四声等子》《切韵指南》是先排四声，后排四等。例如《切韵指南》山摄第一直行见母的排列是"干笴旰葛、间简谏戛、搁搴建孑、坚茧见结"，跟《七音略》第二十一、二十三两图见母字的排列是不相同的。

　　除了《韵镜》《七音略》《四声等子》《切韵指南》以外，有一部影响很大的等韵书，就是相传为司马光所作的《切韵指掌图》。现在一般人都不相信这书是司马光所作，大约成书时期要晚到 13 世纪。

　　《切韵指掌图》共分为二十个图，表面上跟《四声等子》是一致的，但是实际上有不一致的地方，因为《切韵指掌图》把止摄和蟹摄重新划分了。《切韵指掌图》不立韵摄的名目，如果拿它的二十图跟十六摄对照，则如下表：

　　第一独图：高交娇骁①，即效摄。

---

① 《切韵指掌图》先排四等，后排四声，这一点与《七音略》《韵镜》相同。这里举平声概括上、去、入声，下同。

第二独图:公〇弓〇,即通摄。

第三独图:孤〇居〇,即遇摄。

第四独图:钩〇鸠樛,即流摄。

第五独图:甘监〇兼,即咸摄。

第六独图:〇〇金〇,即深摄。

第七图开:干奸犍坚,即山摄开口呼。

第八图合:官关勌涓,即山摄合口呼。

第九图开:根〇斤〇,即臻摄开口呼。

第十图合:昆〇君均,即臻摄合口呼。

第十一图开:歌加迦〇,即果假两摄开口呼。

第十二图合:戈瓜〇〇,即果假两摄合口呼。

第十三图开:刚〇姜〇,即宕摄开口呼。

第十四图合:光江〇〇,即宕摄合口呼及江摄①。

第十五图合:觥肱〇扃,即曾梗两摄合口呼。

第十六图开:揯庚惊经,即曾梗两摄开口呼。

第十七图开:该皆〇〇,即蟹摄开口呼的一部分。

　　第十八图开:〇〇基鸡,这是止摄开口呼的全部,加上齐祭的开口呼。

　　第十九图合:傀〇归圭,这是止摄合口呼的全部,加上齐祭泰的合口呼及灰韵。

　　第二十图:〇乖〇〇,即蟹摄合口呼的一部分。

　　关于三十六字母的排列,《切韵指掌图》开始变为分成三十六个直行的办法。

　　韵图简化以后,仍然沿用《广韵》的韵目,但是《四声等子》和《切韵指南》的韵目似乎用得很随便,时而依照《广韵》,时而依照平

---

① 《四声等子》和《切韵指南》把江摄分为开、合两呼,《切韵指掌图》以江摄全部归入合口呼。

水韵,没有一定的标准。《切韵指掌图》则比较严格,206韵的韵目都开列出来了。本来,在《韵镜》和《七音略》里,每一个横行只标一个韵目,现在既然把四十三图并为二十图,每一个横行就常常不止一个韵目了。现在我们举《切韵指掌图》的七、八两图(即山摄开口呼与合口呼)为例,如下页图:

关于入声的分配,异平同入是《四声等子》《切韵指南》《切韵指掌图》这三部书的共同特点。在《韵镜》《七音略》两书里,入声韵只配鼻音韵尾的韵;在《四声等子》《切韵指南》和《切韵指掌图》里,[k]尾和[t]尾的入声韵除仍配鼻音韵尾的韵以外,还配元音收尾的韵。而这三部书所配又大同小异。试看下面的比较表:

（一）三书相同的：

（1）效摄

　　一等豪：铎　　二等肴：觉　　三、四等宵萧：药

（2）遇摄

　　一等模：屋沃　　二、三、四等鱼虞：屋烛

（二）三书不相同的

（3）果摄

　　《等子》与《指南》　一等歌戈：铎

　　《指掌图》　一等开口歌：曷　　一等合口戈：末

（4）假摄

　　《等子》　二等麻：黠鎋　　三、四等麻：○

　　《指南》与《指掌图》　二等麻：黠鎋　　三、四等麻：月薛屑

（5）蟹摄

　　《等子》　一等开口咍泰：曷　　一等合口灰泰：末

　　　　　　二等佳皆夬：黠鎋　　三、四等祭废齐：月薛屑

　　《指南》　一等开口咍泰：曷　　一等合口灰泰：末

　　　　　　二等佳皆夬：黠鎋　　三、四等开口祭齐：质迄

　　　　　　　　三、四等合口祭废齐：术物

　　《指掌图》　一等开口咍泰：曷　一等合口灰泰：末

　　　　　　　　二等佳皆夬：黠鎋　三、四等开口祭齐：质迄

　　　　　　　　三、四等合口祭废齐：术物（按：《指掌图》蟹
摄三、四等并入止摄）

（6）止摄

　　《等子》　二、三、四等开口支脂之微：职陌昔锡

　　　　　　　二、三、四等合口支脂之微：术物

　　《指南》　二、三、四等开口支脂之微：栉质迄

　　　　　　　二、三、四等合口支脂微：术物

　　《指掌图》　一等开口支之（齿头音）：德

　　　　　　　二、三、四等开口支脂之微：栉质迄

　　　　　　　二、三、四等合口支脂微：质术物

（7）流摄

　　《等子》与《指南》　一等侯：屋沃

　　　　　　　　　　　二、三、四等尤幽：屋烛

　　《指掌图》　一等侯：德　二、三、四等尤幽：栉质迄

　　由此可见当时入声已经逐渐消失①，与《中原音韵》的韵母系统
很相近似。

　　这样做法，基本上是依照当代语音系统，从而合并四十三图成
为十六摄二十图或二十四图。如果另搞一套适合当代语音系统的
反切，自然是很合理的。如果是为了配合《切韵》《广韵》《集韵》②，
或者是为了了解古代经典注释中的反切，那么，这三部书就比不上
《韵镜》和《七音略》了。举例来说，《四声等子》于山摄注云："删并
山，仙元相助，先并入仙韵。"那么，删和山、仙和元、先的界限就不

————————
① 《指掌图》甚至以德韵配痕韵。
② 《指掌图·自序》就说是为配合《集韵》而作的。

《切韵指掌图》第七图

七	平 声				上 声				去 声				入 声			
见	干	奸	犍	坚	笴	简	蹇	茧	旰	谏	建	见	葛	戛	揭	结
溪	看	悭	愆	牵	侃	齦	繾	遣	看	○	○	偘	渴	磍	朅	猰
群	○	○	乾	○	○	○	件	○	○	○	健	○	○	○	杰	○
疑	矕	颜	言	妍	○	眼	齴	齞	岸	雁	彦	砚	嶭	囓	孽	齧
端	单			颠	亶			典	旦			殿	怛			国
透	滩			天	坦			腆	炭			瑱	闼			铁
定	坛			田	但			殄	惮			电	达			垤
泥	难			年	戁			撚	难			睍	捺			涅
知		邅	遭			○	展			○	驏			哳	哲	
彻		○	脡			○	辗			嘽	○			○	屮	
澄		玃	缠			○	邅			绽	缠			○	辙	
娘		㺜	○			○	趁			○	辗			疷	○	
帮	○	○	○	○	○	○	○	○	○	○	○	○	○	○	○	○
滂	○	○	○	○	○	○	○	○	○	○	○	○	○	○	○	○
并	○	○	○	○	○	○	○	○	○	○	○	○	○	○	○	○
明	○	○	○	○	○	○	○	○	○	○	○	○	○	○	○	○
非		○				○				○				○		
敷		○				○				○				○		
奉		○				○				○				○		
微		○				○				○				○		

①《渭南严氏丛书》本溪母去声三等有"遣"字,误("遣"属四等),今从《中华大字典》所据宋本改正。

②《切韵指掌图》山摄唇音字一律归入合口呼,这一点与他书不同。

（续）

七	平　声	上　声	去　声	入　声
精	○　　笺	鬝　　翦	赞　　荐	拶　　节
清	餐　　千	○　　浅	粲　　茜	攃　　切
从	残　　前	瓒　　践	𧤏　　荐	巀　　截
心	珊　　先	散　　铣	散　　霰	萨　　屑
邪	○　　涎	○　　缘	○　　羡	○　　○
照	○　飦	醆　膳	○　战	札　哳
穿	獑　燀	划　阐	铲　硟	刹　掣
床	潺　○	栈　○	輚　○	○　○
审	山　羶	产　燹	讪　扇	杀　设
禅	○　禅	○　善	○　缮	鎙　舌
影	安　䝴　焉　烟	○　○　㦃　嫣	按　晏　堰　宴	遏　轧　谒　噎
晓	顸　羴　轩　袄	罕　○　幰　蠓	汉　○　献　韅	喝　瞎　歇　𪗪
匣	寒　闲　○　贤	旱　限　○　岘	翰　苋　○　见	曷　黠　○　页
喻	○　○　○　延	○　○　○　衍	○　○　○　衍	○　○　○　拽
来	兰　斓　连　莲	嬾　○　辇　○	烂　○　㬉　练	㸹　○　列　㝹
日	然	蹨	○	热
韵	寒　山　仙　先 删　元　仙	旱　产　狝　狝 缓　阮　铣	翰　谏　愿　霰 换　裥　线　线	曷　黠　薛　屑 镈　月　薛

①喉音影晓匣喻的次序与《韵镜》《七音略》相同。

②"㸹"即"辣"字。

③此图韵目有缓、换两韵,与《广韵》不合。这是根据《集韵》,因为《集韵》中的缓、换两韵有开口呼的字。

④产韵下面应补一个潸韵。虽然图中未收潸韵字,但是应该承认有它的位置。

《切韵指掌图》第八图

八	平　声	上　声	去　声	入　声
见	官 关 勬 涓	管 〇 卷 畎	贯 惯 眷 绢	括 劀 厥 玦
溪	宽 趚 弮 〇	款 〇 绻 犬	鑬 〇 券 缱	阔 劬 阙 阕
群	〇 艧 权 〇	〇 〇 圈 蜎	〇 〇 倦 〇	〇 〇 掘 〇
疑	岏 顽 元 〇	〇 輐 阮 〇	玩 翫 愿 〇	枂 黜 月 〇
端	端 〇	短 〇	锻 〇	掇 〇
透	湍 〇	疃 〇	彖 〇	侻 〇
定	团 〇	断 〇	段 〇	夺 〇
泥	濡	暖	偄	〇
知	〇 艧	〇 转	〇 啭	窡 辍
彻	〇 猭	〇 〇	〇 猭	頒 跛
澄	窀 椽	〇 篆	〇 传	〇 〇
娘	奻 〇	报	奻 〇	豽 呐
帮	般 班 〇 边	板 版 辡 匾	半 扮 变 遍	拨 八 箹 㢋
滂	潘 攀 〇 篇	坢 眅 鵬	判 盼 〇 片	钹 汃 〇 瞥
並	盘 〇 〇 骈	伴 〇 辩 辬	叛 瓣 卞 便	跋 拔 别 蹩
明	瞒 蛮 〇 眠	满 魋 免 缅	缦 慢 〇 面	末 籭 灭 蔑
非	藩	反	贩	发
敷	翻	〇	娩	怖
奉	烦	饭	饭	伐
微	樠	晚	万	韤

①娘母合口三等去声原有"輾"字，与开口图重复，误。今依《韵镜》《七音略》《四声等子》《切韵指南》删去。

（续）

八	平　声	上　声	去　声	入　声
精	钻　镌	纂　腾	瓒　○	缵　蕝
清	撺　诠	○　○	窜　綫	撮　膬
从	攒　全	○　雋	攒　○	柮　绝
心	酸　宣	算　选	筭　选	○　雪
邪	○　旋	鄹　○	○　旋	○　蔱
照	跧　专	酢　转	○　剸	茁　拙
穿	○　穿	猭　喘	篡　釧	簒　歠
床	狗　撰	撰　篆	馔　○	○　○
审	栓　栓	○　○	挈　○	刷　说
禅	○　船	○　腨	○　捶	○　啜
影	剜 弯 娟 渊	椀 绾 婉 宛	愐 绾 怨 䲭	斡 婠 哕 抉
晓	欢 ○ 翻 鋗	○ ○ 烜 蠉	唤 ○ 楦 绚	豁 儇 颷 血
匣	丸 还 ○ 玄	缓 睘 ○ 泫	换 患 ○ 县	活 滑 ○ 穴
喻	○ ○ 员 沿	○ ○ 远 ○	○ ○ 远 掾	○ ○ 越 悦
来	銮 臡 挛 ○	卵 ○ 脔 ○	乱 ○ 恋 ○	捋 ○ 劣 ○
日	埂	堧	晅	爇
韵	桓 删 仙 先 山 仙 先 元	缓 潸 狝 铣 阮 狝	换 谏 线 霰 裥 愿 线	末 黠 薛 薛 鎋 月 屑

①抉,《渭南严氏丛书》本误作"扶"。

②"沇"即"沿"字,"顿"即"软"字。

③"篆"是澄母字,误作床母字;"船"是床母字,误作禅母字。大约当时澄床禅三母已有混乱情况。《四声等子》和《切韵指南》不误。

④此图韵目,平声二等删山先应是删山仙之误,因为"狗"是先韵字,而"跧"是仙韵字。

清楚了。例如《四声等子》《切韵指南》在山摄中有"袁"无"员"，《切韵指掌图》在第八图中有"员"无"袁"，而《韵镜》和《七音略》则"袁"在第二十二图，"员"在第二十四图，各得其所。《四声等子》等三书以"仙元相助"，连平水韵的元、先两韵的界限也都打破了。再举一个例子来说，《四声等子》把曾、梗两摄合并，叫做"内外混等①，邻韵借用"。《切韵指掌图》也是把它们合并了的。于是蒸、庚、清、青混在一起了。这样，要了解古代反切就困难了，例如《诗·大雅·绵》："削屡冯冯。"注："冯，扶冰反。"如果查《韵镜》和《七音略》，就能查出"冯"音"凭"②，那是合于古音系统的；如果查《切韵指掌图》，查出的是"冯"音"平"，那是不合古音系统的。至少在唐代以前，蒸、登与庚、耕、清、青之间（即曾摄与梗摄之间）的界限是绝不相混的。"冯"属蒸韵，"平"属庚韵，不可能是同音字。

韵摄这个术语的提出，是很富于概括性的。如果按照韵摄的原理来区分206韵的大范围，然后在每一个韵摄中间再按《切韵》系统来区别韵部，仍旧维持每一个反切都有它的位置，那就没有毛病了。现在一般的汉语方言调查表格正是这样制定的。

门法

门法就是按照反切来查韵图的方法。《韵镜》卷首有"归字例"，其中已有一些门法。《四声等子》有"辨音和切字例、辨类隔切字例"等，那是门法的进一步。《切韵指掌图》后面附有明邵光祖的"检例"，其中大多数也都是门法。释真空著《直指玉钥匙门法》，提出了"门法"这个名称，共列门法二十条。后人又加以种种解释。门法乍看很难，其实大多数是很好懂的。现在我们不照引原文，而把那些主要的门法用较浅显的话加以说明：

---

① 曾摄属内转，梗摄属外转，所以叫做"内外混等"。
② 查《四声等子》也能查出同样的结果，但那是碰巧的。

（1）音和　　音和是反切上字跟被切字同母,反切下字跟被切字同韵、同等,例如:登,丁增切,"丁"和"登"同属端母,"增"和"登"同属登韵、一等。

（2）类隔　　类隔虽然反切下字也跟被切字同韵、同等,但是反切上字跟被切字不同母,而只是同类。类隔实际上只指:(甲)端系和知系互相为切。在多数情况下,是以端系字切知系字,如:桩,都江切;贮,丁吕切。偶然也有以知系字切端系字的,如:爹,陟邪切①。总以反切下字的等为准:知系占二、三等,故二等的江字切出来的只能是知系字;端系占一、四等,故四等的邪字切出来的只能是端系字。(乙)重唇和轻唇互相为切②。有所谓轻唇十韵,即东钟微虞废文元阳尤凡。凡遇这些韵的合口三等字,即使用重唇字为反切上字,也要读成轻唇,例如:飙,匹尤切,实际上应读成敷母字。但这种以重唇切轻唇的情况非常罕见。至于以轻唇切重唇,就很常见了,例如:卑,府移切;眉,武悲切,等等。开口一、二、三、四等,合口除上述十韵外的一、二、三四等,都要读重唇③。

（3）内转和外转　　依照《四声等子》和《切韵指掌图》的定义,内转是指韵图中唇舌牙喉四音都没有二等字,只有齿音是有二等字的;外转则唇舌牙齿喉五音都具备四个等,也就是说五音都有二等字。这两本书都说,内转包括通、止、遇、果、宕、流、深、曾八摄六十七韵,外转包括江、蟹、臻、山、效、假、咸、梗八摄一百三十九韵。所举的具体韵摄与定义不尽符合,日本有手写本《韵镜》以臻摄为

---

① 《玉钥匙》为此偶然的情况另立一个门法,叫做"不定之切"。如麻韵不定之切、茅韵不定之切(体,敕洗切)等。《玉钥匙》又以浊干切坛、知经切丁算是类隔,但又不算不定之切,有点自相矛盾。

② 《玉钥匙》不把这乙类算入类隔,而另立一类,叫做"轻重交互"。

③ 通、流二摄有例外,如:凤,逢贡切,"贡"字虽属一等,"凤"字不读重唇;又如谋,莫浮切,"浮"字虽属尤韵三等,"谋"字不读轻唇(《切韵指掌图》索性把"谋"字搬到一等去了)。《玉钥匙》为此例外另立一个门法,叫做"前三后一"。

内转,果摄为外转;臻摄归内转是合于定义的,但是果摄归外转却也不合于定义,因为果摄完全没有二等字。而且,这样移动以后,内转六十七韵、外转一百三十九韵的韵数又不相符了。我们对于这些地方可以不必深究①。

这样解释内外转,和门法关系不大。《玉钥匙》对内外转另有解释,以为唇舌牙喉及半舌半齿用作反切上字,照系二等字用作反切下字时,若逢内转,则被切字应该认为三等字,例如:姜,古霜切,"霜"字虽属二等,但"姜"字则属三等;若逢外转,则被切字仍该认为二等字,如:江,古双切,"江、双"二字都属二等。

(4)广通和侷狭　广通指反切上字属唇牙喉音,反切下字属于支脂真谆仙祭清宵八韵中的来、日、知系、照系的三等②,被切字应认为四等字。如:移,余支切,"支"字三等而"移"字四等;标,抚昭切,"昭"字三等而"标"字四等。这样,是三等通到四等去了,所以叫做广通。侷狭指反切上字亦为唇牙喉音,但反切下字属于东钟阳鱼蒸尤盐侵八韵中的精系及喻母四等③,被切字应认为三等字。如:恭,居容切,"容"字四等而"恭"字三等;拱,居悚切,"悚"字四等而"拱"字三等。在这些韵里,四等字少,三等字多,所以叫做侷狭④。

(5)窠切　反切上字属知系三等,下字属精系四等或喻母四等,被切字应认为三等字。这叫做窠切。如:朝,知遥切;俦,直由切。

---

① 罗常培有一篇《释内外转》(《史语所集刊》第四本第二分),他以为内转七摄,外转九摄,除臻归内、果归外以外,宕摄也归了外转。宕归外转很不可靠,因宕摄正是只有齿音具备二等字,而唇舌牙喉没有二等字的。至于他以为内转的元音较后而高,外转的元音较前而低,那纯然是以后人的语音学观点来解释,说服力不强。

② 《切韵指掌图》多举了一个萧韵,应据《四声等子》删去。

③ 《切韵指掌图》多举了登麻之虞齐,少举了东蒸。这里依《四声等子》。

④ 有人以止臻两摄为通,山蟹梗效四摄为广,通宕遇曾四摄为侷,流咸深假四摄为狭。见《创安玉钥匙捷径门法歌诀》。

（6）振救　反切上字属精系，下字属三等，被切字应认为四等。这叫做振救。如：似，详里切；小，私兆切。

（7）正音凭切　反切上字属照系二等，下字不论是二等、三等或四等，被切字应认为二等字。例如：初，楚居切；搜，所鸠切。

（8）精照互用　即以精系字切照系二等字，如：斋，姊皆切；或以照系二等字切精系字，如：鲰，仕垢切。

（9）寄韵凭切　反切上字属照系三等，下字不论是一等或四等，被切字应认为三等。如：犝，昌来切；茝，昌给切。"来、给"都是一等字，但"犝、茝"应认为三等字①。

（10）喻下凭切　反切上字是喻母，如果是喻四，切出来就是四等字，不管反切下字是三等，如余招切"遥"字；如果是喻三，切出来就是三等字，不管反切下字是四等，如于聿切"颰"字。

（11）日寄凭切　反切上字属日母，由于日母只有三等，所以不管反切下字是否属三等，被切字一律认为三等字，如如延切"然"字。

（12）日下凭韵　这是较古的反切。既然日母只有三等，所以凡遇反切下字属一等（或四等），则应认为泥母字，如：糯，仁头切；凡遇反切下字属二等，则应认为娘母字，如：铙，日交切。

（13）匣喻互用　匣母一、二、四等与喻母三等互相补充②，匣母作为反切上字，可以切喻三的字，如户归切"帏"；喻母三等作为反

---

①　这些字的读音是不明确的。即以"茝"字而论，或者应归清母一等入蟹摄海韵，或者应入止摄止韵。既然称为"寄韵"，应以后一说为是。《说文》大徐本："茝，昌改切。"徐灏云："改，古音读如己，与芷同也。唐韵切字多用古音，盖孙叔然以来，相沿未改。"

②　《切韵指掌图》检例说："匣阙三四喻中觅，喻亏一二匣中穷。"这话是不全面的。匣只阙三等，不阙四等；喻母三等才与匣母互用，与喻四无关。

切上字,也可以切匣母的字,如于古切"户"。这也是较古的反切①。

　　以上所述十三条门法,除内外转和广通偏狭的问题比较复杂外,其余概括起来只有两个原因:第一是语音随着历史发展了,反切不变,则不能适应时代,后人不懂历史发展的道理,就拿门法来解释,例如舌头舌上类隔、重唇轻唇类隔,精照互用、匣喻互用,日母字切泥娘,都是因为上古时代这些配对的声母本来就是同一的声母(匣母与喻三,直到隋代及唐初,还是同一声母),无所谓类隔和互用。第二是韵图的等和韵书的类发生矛盾,而反切基本上是和韵书的系统相一致的。古今的矛盾、韵图与韵书的矛盾,在等韵学家看来是同样的矛盾。矛盾的解决,有两个办法:第一是凭切,第二是凭韵②:

　　(1)凭切就是以反切上字为辨等的标准。窠切、振救、正音凭切、寄韵凭切、喻下凭切、日寄凭切,都是按照这个原则处理的。

　　(2)凭韵就是以反切下字为辨等的标准,从而决定它属于什么声母(因为声母和等是有关系的)。类隔、精照互用、匣喻互用、日下凭韵,都是按照这个原则处理的。

　　可以看出,凭切是为了解决韵图与韵书的矛盾的,凭韵是为了解决后代反切与古代反切的矛盾的。这两个原则之间也是有矛盾的,例如日寄凭切与日下凭韵就有矛盾;但是,由于所解决的对象不同,实际上也就没有矛盾了。

----

① 这种反切,《广韵》中已经不采用了。只剩下一个:雄,羽弓切。"雄"被看成唯一的匣母三等字,而用喻三"羽"字为切。
② 等韵学家把反切上字叫做切,反切下字叫做韵,所谓"上切下韵"。

第七章　古音(上)

　　古音,在传统音韵学上,指的是上古的语音系统。我们研究古音,必须先具备反切、韵书、字母、等韵各方面的基础知识。这些知识,上文已经分章叙述过了,这里我们可以来讨论古音了。

　　关于上古的韵部(简称古韵),前人研究的成绩较好;至于上古的声母系统,前人研究得较差。我们在这一章里把古韵部和古声母分别加以叙述;上古声调系统则在叙述古韵部时,同时加以叙述。

一、上古的韵母系统

　　《诗经》三百篇是研究古韵的最好的根据,可惜前人并不是从一开始就正确地利用了《诗经》来研究古韵的。原因是他们并不懂得语言是发展的,缺乏历史观点,以为古音和今音是一致的,不过在做诗时为了押韵的需要,临时改读某些字音罢了。宋人把这种虚构的情况叫做叶音①。朱熹在他所著的《诗集传》中大量地应用了叶音。同是一个"家"字,他在《豳风·鸱鸮》、《小雅·常棣》《我行其野》《雨无正》、《大雅·绵》都注云叶古胡反(在《小雅·采薇》注云叶古乎反),在《召南·行露》注云叶音谷,又云叶各空反,只有

————————————

① "叶"即"协"字,不是"枝叶"的"叶"。

《周南·桃夭》《桧风·隰有长楚》两个地方未注叶音,大约就是照宋代的读音。这样临时改读是没有理论根据的,特别是叶音谷、叶音各空反,更是荒唐。叶音之说,到明代才被陈第批判了;但是直到今天,还有人遵守叶音的办法。这有待于音韵学的普及,从而做到最后廓清。

跟叶音说相似的,则有通转说。宋吴棫(字才老)著《韵补》,他就是主张通转说的。我们依照他的书来分析一下,按平声说,古韵大致可以分为九部:

(1)东部(冬钟通,江或转入)

(2)支部(脂之微齐灰通,佳皆咍转声通)

(3)鱼部(虞模通)

(4)真部(谆臻殷痕庚耕清青蒸登侵通,文元魂转声通)

(5)先部(仙盐添严凡通,寒桓删山覃谈咸衔转声通)

(6)萧部(宵肴豪通)

(7)歌部(戈通,麻转声通)

(8)阳部(江唐通,庚耕清或转入)

(9)尤部(侯幽通)

吴棫照顾的时代太长了,他甚至引欧阳修、苏轼、苏辙的诗为证。虽然他把古韵大致分为九部,有些散字仍然是两三部兼收的,几乎是无所不通,无所不转。吴棫的书是缺乏科学性的。

宋代有一个郑庠,把古韵分为六部,比吴棫的九部分得合理些①。他的六部是:

(1)东部　包括东冬江阳庚青蒸②(韵尾是-ng)

(2)支部　包括支微齐佳灰(韵母是 i 或韵尾是-i)

(3)鱼部　包括鱼虞歌麻(韵母是 u、ü、o、a)

---

① 郑庠的书已佚。其说见于段玉裁《六书音均表》和夏炘《古韵廿二部集说》。

② 郑氏用的是平水韵目。

（4）真部　包括真文元寒删先(韵尾是-n)

（5）萧部　包括萧肴豪尤(韵尾是-u)

（6）侵部　包括侵覃盐咸(韵尾是-m)

我们说他比较合理，只是从语音学的观点上看的，因为他把-ng、-n、-m三分，界限分明。但是他有一个大缺点，就是从原则出发，不从材料上概括，所得的结论当然是不可靠的。

陈第以前，讲古韵的人有一个通病，就是从叶音上看问题，从通转上看问题。从叶音上看问题，则字无定音；从通转上看问题，则韵无定类。由于方法不对头，所以分韵虽宽，仍有出韵，例如郑庠的第五部既与第二部分不开(《诗·鄘风·载驰》四章以"尤"押"思、之")，又与第三部分不开(《载驰》一章以"侯"押"驱")；第二部与第三部分不开(《诗·鄘风·柏舟》以"仪"押"河")，又与第四部分不开(《诗·小雅·庭燎》以"辉、旗"押"晨")；第一部与第四部分不开(《诗·小雅·十月之交》以"令"押"电")，又与第六部分不开(《诗·邶风·绿衣》以"风"叶"心")。如果专从后代韵部的通转着眼，势非把六部混为一团不可！这一切都是由于缺乏历史观点，直到陈第著《毛诗古音考》，这种糊涂观念才得到澄清。

陈第的旗帜是鲜明的。他的重要理论是："时有古今，地有南北，字有更革，音有转移。"有了时间概念和地点概念，古韵的研究才走上了科学的道路。他批评叶音说："夫其果出于叶也，作之非一人，采之非一国(按：指《诗经》)，何'母'必读'米'①，非韵'杞'、韵'止'，则韵'祉'、韵'喜'矣；'马'必读'姥'，非韵'组'、韵'黼'，则韵'旅'、韵'土'矣；'京'必读'疆'，非韵'堂'、韵'将'，则韵'常'、韵'王'矣；'福'必读'偪'，非韵'食'、韵'翼'，则韵'德'、韵'亿'矣。厥类实繁，难以殚举。其矩律之严，即《唐韵》不啻，此其

---

① 按：上古"母"与"米"不同音，陈第还不知道这一点。

故何耶?"陈第以为唯一合理的答复就是古人对于每一个字都有固定的读音,因此诗人们不约而同都读这个音,并非凭个人主观临时改读,以求叶音。不过古音与今音有所不同,后人"以今之音读古之作,不免乖剌不入,于是悉委之叶"了。

　　如果说陈第是开路先锋,顾炎武(字宁人,号亭林)就是古韵学的奠基人。顾氏把古韵分为十部:

　　(1)东部①　　包括东冬钟江。

　　(2)脂部　　包括脂之微齐佳皆灰咍,又支半,尤半。去声祭泰夬废。入声质术栉物迄月没曷末黠镈屑薛职德,又屋半,麦半,昔半。

　　(3)鱼部　　包括鱼虞模侯,又麻半。入声烛陌,又屋半,沃半,药半,铎半,麦半,昔半。

　　(4)真部　　包括真臻文殷元魂痕寒桓删山先仙。

　　(5)萧部　　包括萧宵肴豪幽,又尤半。入声屋半,沃半,药半,铎半,锡半。

　　(6)歌部　　包括歌戈,又麻半,支半。

　　(7)阳部　　包括阳唐,又庚半。

　　(8)耕部　　包括耕清青,又庚半。

　　(9)蒸部　　包括蒸登。

　　(10)侵部　　包括侵覃谈盐添咸衔严凡,入声缉合盍叶帖洽狎业乏。

　　顾氏最大的功绩是离析唐韵。他不再把唐韵的每一个韵部看成是不可分割的整体单位,而是仔细审查每一个具体的字,以《诗经》及其他先秦韵文的押韵情况来证明它应该属于哪一个韵部。

---

①　清代以来音韵学家对于古韵分部,有仅称第几部而未立部名者,如顾炎武、江永、段玉裁;有以《广韵》韵目作为部名者,如王念孙、江有诰、章炳麟、黄侃;有另用其他的部名者,如戴震、孔广森。其以《广韵》韵目作为部名者,称名又各不同。现在我们把名称统一起来,必要时附注各家所用的名称。

离析的工作分为两步走：第一步是离析俗韵（平水韵），回到唐韵，
例如把尤侯幽三分，而不是从俗韵混而为一，然后知道侯韵应入第
三部，幽韵应入第五部，而尤韵则半属第二，半属第五；把支脂之三
分，而不是从俗韵混而为一，然后知道脂之两韵应入第二部，而支
韵则半属第二，半属第六；把庚耕清三分，而不是从俗韵混而为一，
然后知道耕清两韵应入第八部，而庚韵半属第七，半属第八。这是
他所谓"一变而至鲁"。第二步是离析唐韵，回到古韵，例如析支麻
庚尤各为两半，又如析屋为三，析觉为二，等等。甚至个别的字重
新归韵。这是他所谓"一变而至道"①。

　　他的离析工作，直到今天还是大家所公认的。现在我们拣比
较重要的加以叙述：

　　（甲）平、上、去声

　　（1）支韵　"猗锜掎椅仪议牺靡皮陂为吹离罹哆侈宜施池驰
羆"等字改归歌部②。

　　（2）麻韵　"舍野者车且华瓜葭瑕騢暇家稼巴犯牙邪马袶寡下
夏罅"等字改归鱼部。

　　（3）庚韵　"虹英觥庚景羹盟彭亨享兵兄行衡庆炳梗永泳竞"
等字改入阳部。

　　（4）尤韵　"否紑谋訧邮丘牛又右有囿旧久玖疚妇负裘"等字
改入之韵③。

　　（乙）入声

　　（1）屋韵　分为三韵：（a）"谷屋独读縠谷楸鹿禄族卜木霖沐"

---

①　《论语·雍也》："齐一变至于鲁，鲁一变至于道。"顾氏借此二语表示他分两步走去
　　达到古音。
②　所举以《诗经》入韵的字为准。下仿此。
③　附带说明，侯的上声的"母畝"二字也改入之韵。我们说改入之韵，不说改入脂部，
　　因为后来段玉裁把脂、之分开了。余仿此。

等字应配侯韵;(b)"淑菽俶祝六陆复覆腹宿夙肃潇畜慉鞠薂匊育穆穆蓼奥燠"等字应配幽韵;(c)"福辐菖或伏服牧"等字应配之韵。

(2)沃韵　分为两韵:(a)"沃毒笃〔督〕〔酷〕"等字应配宵幽韵①;(b)"仆〔襆〕〔耩〕"等字应配侯韵。

(3)觉韵　分为两韵:(a)"襮驳濯鼍"等字应配宵韵;(b)"渥浊角"等字应配侯韵。

(4)药韵　分为两韵:(a)"龠虐谑爵药跃"等字应配宵韵;(b)"若〔略〕〔脚〕〔却〕〔攫〕"等字应配鱼韵。

(5)铎韵　分为两韵:(a)"蒙各落阁雒恪濩获咢错橐蠹诺藿鞹廓度作酢柞"等字应配鱼韵;(b)"乐凿"等字应配宵韵。

(6)麦韵　分为两韵:(a)"〔责〕簀鹢厄谪〔画〕麦革"应配支之韵;(b)"获〔脉〕恝"等应配鱼韵。

(7)昔韵　分为两韵:(a)"昔舄夕石斁绎怿奕席蓆射"等字应配鱼韵;(b)"益易锡蜴适刺〔役〕辟璧〔积〕踖"等字应配支韵。

(8)锡韵　分为两韵:(a)"锡晢〔析〕〔击〕惕剔绩〔敌〕〔历〕鹝狄觷"等字应配支韵;(b)"的溺栎翟〔激〕〔檄〕〔迪〕〔愁〕〔戚〕"应配宵幽韵②。

由上文可以看出,顾氏认为入声一般是应该配阴声的。顾氏只承认《广韵》歌戈麻无入声、侵覃以下九韵有入声是对的,其余入声配阳声都是配错了的,应该改配阴声③。古音学家除非认为入声应该独立;如果要与平、上、去声共成韵部的话,顾氏的话是对的。

顾氏所定古韵十部当中,后代成为定论者共有四部,即(1)歌

---

① 加〔　〕号的字是《诗经》不入韵或不见于《诗经》的。下仿此。
② 所谓配宵幽韵,指有的配宵,有的配幽;所谓配支之韵,指有的配支,有的配之。顾氏当时还未能细分。
③ 顾炎武《答李子德书》:"故歌戈麻三韵旧无入声,侵覃以下九韵旧有入声,今因之;余则反之。"

部;(2)阳部;(3)耕部;(4)蒸部。其他各部也粗具规模,只是分得不够细罢了。后来江永分为十三部,段玉裁分为十七部,孔广森分为十八部,王念孙、江有诰各分为二十一部,章炳麟、王力各分为二十三部,都是在这个基础上分出来的。我们不必详细叙述各人怎样分部,只要把各人的特点提出来说一说,也就了如指掌了。

江永(字慎修)的特点是:(1)真元分部;(2)侵谈分部;(3)宵幽分部;(4)侯鱼分部。前三部分成六部的理论根据是弇、侈分立。所谓弇,就是比较闭口;所谓侈,就是比较开口。假定真是[en],侵是[em],幽是[eu],主要元音都是[e],就是弇;假定元是[an],谈是[am],宵是[au],主要元音都是[a],就是侈。他的理论得到了事实的证明;除了极少数合韵的情况以外,弇、侈的界限是很明显的。

(1)真元分部。真部包括真谆臻文殷魂痕,元部包括元寒桓删山仙。江氏析先韵为二:(a)"先千天坚贤田阗年颠巅渊玄"等字归真部;(b)"肩前戈笺豣跰燕莲妍研骈鹃涓边笾县"等字归元部。

(2)侵谈分部。侵部以侵韵为主,另收覃韵的"骖南男湛耽潭楠"、谈韵的"三",盐韵的"绥(纤)潜僭"、东韵的"风枫";谈部则有覃韵的"涵"、谈韵的"谈惔餤甘蓝"、盐韵的"詹"、严韵的"严"、咸韵的"谗"、衔韵的"岩监"。

(3)幽宵分部。幽部以尤侯幽三韵为主(尤部除去归入之韵的字),另收萧韵的"萧潇条聊"、宵韵的"陶儦"①、肴韵的"胶呶恔茅包苞匏炮"、豪韵的"牢馨橐滔慆骚袍陶绹翿敖曹漕叟(上声)"。宵部以宵韵为主,另收萧韵的"桃苕蜩僚哓"、肴韵的"殽郊巢"、豪韵的"号劳高膏蒿毛旄刀刁桃敖"。

(4)鱼侯分部。鱼部包括鱼模,侯则归入幽部。江氏把虞析为

---

① 段玉裁以"儦"归宵部。段氏是对的。江氏也只认为是"方音借韵"。

两韵：（a）"虞娱吁讦盱芋夫肤"等字归入鱼部；（b）"禺颙儒须需诛邾貅殊俞踰隃臾区躯朱珠符凫甀雏郭输厨拘"等字归入幽部。由于侯韵并非独立分出，只是转入幽部，所以江氏只比顾氏多了三部。

　　江氏另把入声分为八部。顾炎武虽没有把入声独立分部，而实际他的入声只有四部①。这样，江氏的入声就比顾氏多了四部。江氏的入声八部如下：

　　（1）屋部　以屋烛为主，另收沃韵的"毒笃告"、觉韵的"角桷浊渥"、锡韵的"迪戚"、去声候韵的"奏字"②。

　　（2）质部　以质术栉物迄没为主，另收屑韵的"结节噎血阕穴垤鳖倁"、薛韵的"设彻"、职韵的"即"字。

　　（3）月部　以月曷末黠鎋薛为主，另收屑韵"灭截"等字。

　　（4）铎部　以药铎为主，另收沃韵的"沃"、觉韵的"较驳藐濯嚣"、陌韵的"貊白伯柏戟柞绤逆客赫格宅泽"、麦韵的"获"、昔韵的"昔舄踖绎奕怿斁尺石硕炙席藉夕借"、锡韵的"栎的翟溺"，去声御韵的"庶"、祃韵的"夜"③。

　　（5）锡部　以锡韵为主，另收麦韵的"箦谪适厄"、昔韵的"脊踖益易蜴辟璧"。

　　（6）职部　以职德为主，另收麦韵的"麦麬革"、屋韵的"福辐菖伏服或牧穆"④，去声队韵"背"、代韵"载"、平声咍韵"来"。

　　（7）缉部　以缉韵为主，另收合韵"合軜"、葉韵"楫厌"、洽韵"洽"。

　　（8）葉部　以葉韵为主，另收业韵"业"、狎韵"甲"、乏韵"法

──────────

① 见于他的《古音表》。

② 按：这一部应分两部。顾炎武以"角浊渥"等字配侯，以"毒笃告"等字配幽，可参考。

③ 按：这一部实应分为两部。顾炎武以"沃濯"等字配宵，陌韵等配鱼，可参考。

④ 按："穆"同"稑"，应作幽部入声。

乏"。

江氏主张数韵共一入。依照他所著的《四声切韵表》,入声与阴声、阳声的配合如下:

阳声	入声	阴声
东一	屋一	侯
东三	屋三(菊)	尤(鸠)、幽
冬	沃	豪(鏖)
钟	烛	虞(刞)
江	觉	肴
清	昔(易)	支
真、先(坚)	质	脂开
谆	术	脂合
臻	栉	
蒸	职	之
殷	迄	微开
文	物	微合
阳	药开(脚)	鱼
阳	药合(玃)	虞(衢)
唐	铎	模、豪(高)
先(肩)	屑	齐
仙	薛	祭
寒	曷	泰开、歌
桓	末	泰合、戈
耕	麦(策、革)	佳
删	黠	皆
山	锗	夬
魂	没	灰

阳声	入声	阴声
登	德	咍
元	月	废
青	锡(戚)屋(肃)	萧
阳	药开(虐)	宵
耕	麦(哑、获)	麻二(加、瓦)
庚	陌	麻二(家、瓜)
清	昔(夕)、屋三(福)	麻三、尤(丘)
侵	缉	
覃	合	
谈	盍	
盐	葉	
添	帖	
严	业	
咸	洽	
衔	狎	
凡	乏	

　　江永精于等韵之学,他从数韵共一入的搭配来说明上古汉语语音的系统性,有很大的参考价值。

　　段玉裁(字若膺,一字茂堂)在他的《六书音均表》中[1],把古韵分为十七部。他继承了江永的研究成果,而又加以发展。他的特点是:(1)支脂之分为三部;(2)真文分部;(3)侯部独立。现在分别加以叙述:

　　(1)支脂之分部。段氏以为《广韵》支脂之分为三韵不是偶然的,实在因为这三个韵部在上古时代是截然分开的。(a)支部以支

---

[1] "音均"就是"音韵"。

佳为主(应入歌部的字除外),另收齐韵的"提携觿圭"、霁韵的"髻帝缔系睨"、祭韵的"掋"。(b)脂部以脂微齐皆灰为主,另收哈韵的"哀"、海韵的"恺"、代韵的"爱僾溉逮"、纸韵的"毁迻涿泧尔泚訾砥坻"、佳韵的"柴"、果韵的"火"、轸韵的"牝"①。(c)之部以之哈为主,另收尤韵的"詋尤邮谋丘裘牛紑"、有韵的"有友否右玖久妇负秠"、宥韵的"疚又富旧祐"、厚韵的"母亩"、脂韵的"龟駓伾"、旨韵的"否洧鲔鄙"、至韵的"备儗"、皆韵的"霾薶"、怪韵的"戒怪"、灰韵的"梅媒"、贿韵的"每悔晦"、队韵的"佩背诲痗"、轸韵的"敏"。之部入声以职德为主,另收屋韵的"服辐福牧彧囿伏菖",麦韵的"麦革鬷"。

(2)真文分部。真部以真臻先为主,另收蒸韵的"矜"、青韵的"苓零令"、径韵的"佞"、映韵的"命"②、仙韵的"翩偏"。真部入声以质栉屑为主③,另收至韵的"至痵"、霁韵的"暳疐替"、薛韵的"设彻"。

(3)侯部独立。江永分虞韵之半属侯,已经做对了,可惜他又把侯归到幽部去了。段氏开始把侯独立起来,既不入鱼部,也不入幽部,后人都公认这是对的。侯部以侯为主,另收虞韵之半(与江永同),又收宥韵"咮昼"二字。

段氏的古韵十七部,是按音的远近排列的。他说:"玉裁按十七部次序出于自然,非有穿凿。"他把古韵分为六类:

第一类　1.之部
第二类　2.宵部　3.幽部　4.侯部　5.鱼部
第三类　6.蒸部　7.侵部　8.谈部

---

① 按:从尔、从此的字,诸家归部不一致。孔广森以从此的字入支部,江有诰以从此从尔的字入支部。段氏还举了"鹭率窣"等字,因可疑,未录。
② "命令"等字,江有诰归耕部。
③ 段氏以质栉屑归真部是很特别的。诸家都不依他。

第四类　9. 东部　　10. 阳部　　11. 耕部

第五类　12. 真部　　13. 文部　　14. 元部

第六类　15. 脂部　　16. 支部　　17. 歌部

关于声调,段氏认为古平、上为一类,去、入为一类,又认为宵部平声多转为入声,脂部入声多转为去声。最后的结论是古无去声。他按照《诗经》的押韵情况来归纳,有些韵是具备平、上、入三声的,有些韵是只有平、上两声的,有些韵是只有平、入两声的,而许多韵只有平声,如下表:

(a)具备平上入三声的:1.之部　3.幽部　5.鱼部　15.脂部

(b)只有平上两声的:4.侯部

(c)只有平入两声的:7.侵部　8.谈部　12.真部　16.支部

(d)只有平声的:2.宵部　6.蒸部　9.东部　10.阳部　11.耕部
13.文部　14.元部　17.歌部

这样分配虽然未尽恰当①,但是他所根据的事实是有参考价值的。

孔广森(字众仲,一字㧑约,号𢡟轩)的古韵分部的特点是东冬分立。孔氏以冬声、众声、宗声、中声、虫声、戎声、宫声、农声、夆声、宋声的字独立成为冬部。这个冬部所收以冬为主,另收东韵三等大部分的字以及江韵中的“降”字。东冬分立没有得到段玉裁、王念孙的同意,但是后人一般都同意了。此外还有冬侵合并的说法,下文还要讨论。

孔广森还建立了阴阳对转的理论。他把古韵十八部分为:(1)阳声九部,即元部(他叫原类)、耕部(他叫丁类)、真部(他叫辰类)、阳部、东部、冬部、侵部、蒸部、谈部;(2)阴声九部,即歌部、支部、脂部、鱼部、侯部、幽部、宵部、之部、𦵸部(他叫合类)。从他的

---

① 真部不宜有入声,侯部宜有入声。段氏幽部的入声应分一半属侯。段氏晚年在《答江晋三论韵》中,关于侯部入声,接受了江有诰的修正意见。

具体分类可以看出,所谓阳声就是以鼻音收尾的韵,所谓阴声就是以元音收尾的韵①。他所谓阴阳对转,指的是阴声和阳声主要元音相同,可以互相转化。对转的情况如下:

　1. 歌元对转;　　2. 支耕对转;　　3. 脂真对转;

　4. 鱼阳对转;　　5. 侯东对转;　　6. 幽冬对转;

　7. 宵侵对转;　　8. 之蒸对转;　　9. 叶谈对转。

除了叶谈对转不算阴阳的关系,宵侵对转不合理,幽冬的关系比较模糊以外,其他六类对转关系都是有大量事实证明的。从《诗经》押韵看,《邶风·北门》押"敦遗摧",是脂真对转②。从谐声偏旁看,难声有傩,是歌元对转;禺声有颙,是侯东对转;寺声有等,乃声有仍,是之蒸对转。从一字两读看,"能"读奴来切,又读奴登切,是之蒸对转。从古音通假看,亡字假借为无,是鱼阳对转。诸如此类,不胜枚举。孔广森阴阳对转的理论,对古音拟测的贡献也很大,因为它使人们知道各部元音的对应关系③。

王念孙(字怀祖)的古韵分部的特点有五:(1)质部独立(王氏称为至部);(2)月部独立(王氏称为祭部);(3)缉部独立;(4)叶部独立(王氏称为盍部)。(5)侯部有入声。现在分别加以叙述:

(1)质部独立。王氏以为此部既非脂部之入声,亦非真部之入声,而应独立自成一部。在去声至霁两韵及入声质栉黠屑薛五韵中,凡从至、从㞢、从质、从吉、从七、从日、从疾、从悉、从栗、从㮚、从毕、从乙、从失、从八、从必、从卩、从节、从血、从彻、从设之字,都算是质部的字。他这一部的独立,没有得到江有诰的同意,但是后来一般人都同意了。

<hr>

① 叶部本是入声,孔氏归入阴声,这是他的缺点。
② 依王力的古韵分部,应该说是微文对转,见下文。
③ 在孔氏以前,戴震已经讲到阴阳,但还没有像孔氏这样明确地提出阴阳对转的概念来。

（2）月部独立。《广韵》中的去声祭泰夬废四韵不跟平、上声两承，却跟入声月曷末黠鎋屑等韵相配，戴震早已注意到这个事实。但是戴氏仅仅说去、入相配而已，明确地提出去、入同韵的乃是王念孙①。

（3）缉部独立；（4）葉部独立。缉部从侵部分出；葉部从谈部分出。王氏以为顾炎武以入声承阴声，"可称卓识"，惟有缉至乏等九个入声韵仍从《广韵》以缉承侵……以乏承凡，那又成为"两歧之见"了。顾炎武以为《诗·秦风·小戎》以"骖合軜邑念"为韵，《诗·小雅·常棣》以"合琴翕湛"为韵，其实《小戎》是以"中骖"为一韵，"合軜邑"为一韵，"期之"为一韵；《常棣》是以"合翕"为一韵，"琴湛"为一韵。孔广森也曾主张缉以下九韵独立，不过合为一部，不像王氏分为葉、缉两部。

（5）侯部有入声。段玉裁《六书音均表》中，侯部没有入声，这是错误的。王氏以"屋谷欲秃木沐卜族鹿读朴仆禄束速狱辱琢曲玉蜀属足局粟角珏岳谷"等字为侯部入声。这与顾炎武的归类大致相同；不过由于顾氏没有把侯部从鱼部里分出来，所以也没有明白指出这些字是侯部入声罢了。

王氏对于声调，跟段玉裁也有不同的见解。他认为二十一部应分为两类②：（a）东蒸侵谈阳耕真谆元歌十部为一类，有平、上、去而无入；（b）支质脂月葉缉之鱼侯幽宵为一类，或四声皆备如支脂之鱼侯幽宵，或有去、入而无平、上如质月，或有入而无平、上、去如葉缉。这个（b）类的特点是每一部都有入声。

江有诰（字晋三）的古韵分部没有什么特点；但也可以说王念孙的四个特点中，有三个特点也是江有诰的特点，因为江有诰与王念孙不谋而同地都主张祭葉缉三部从平声韵部里分出来。江有诰

---

① 黄侃在《音略》中云曷部（即月部）为"王念孙所立"，这话是对的。
② 韵部的次序也与段氏不同。

没有采用王念孙的质部,但是采用了孔广森的冬部(改称中部),所以仍是二十一部。

章炳麟(字太炎)把古韵分为二十三部,这是采用了王念孙的二十一部,加上孔广森的冬部,再加上他自己建立的队部。他的队部是从脂部分出来的,本来也收一部分平、上声字,如"崔嵬鬼"等①,但是他说:"队脂相近,同居互转,若聿出内术戾骨兀郁勿弗卒诸声谐韵则《诗》皆独用,而自佳畾或与脂同用。"②到了后来,他又认为"崔嵬"等字是脂部正音,而队部只是去入韵了③。如果队部只是去入韵,那就等于我们所谓物部(参看下文)。队部从脂部分出以后,脂部就不再有入声了。

王力早年也把古韵分为二十三部,但是跟章炳麟的二十三部不尽相同:第一,他采用章氏晚年的主张,把冬部并入侵部④。本来严可均在他的《说文声类》中早已把冬部归入侵类,但是一般人拘泥于-ng、-m 的界限,不容易接受冬侵合并的主张。王力以为冬部本来收音于-m,而为侵韵的合口呼(侵:əm、iəm;冬:uəm、iuəm)。第二,他主张脂微分部⑤。他的微部是以微灰为主,另收脂韵的合口呼构成的,比章氏队部的平、上声字多得多。章氏队部的去、入声字,王力称为物部。这样,王力所分的古韵,是比章氏少了一个冬部,多了一个微部,仍然是二十三部。

说到现在为止,音韵学家们把古韵的韵部越分越多,如果从分

---

① 见《文始》二。
② 见同上。"自"即"堆"字,"归追师"等字从自得声。隹,音锥,"崔推"等字从隹得声。
③ 见《国故论衡》上"二十三部音准"。
④ 章氏本来就说"冬侵相近,同居互转"(见《文始》七)。到了晚年,索性主张冬侵合为一部(见于他所著的《音论》,载于光华大学《中国语文学研究》,中华书局出版)。
⑤ 关于脂微分部的标准和脂微分部的证据及解释,参看王力《上古韵母系统研究》。

不从合，以章炳麟的二十三部加上王力的微部，就共得二十四部如下①：

1. 之部	2. 幽部	3. 宵部	4. 侯部
5. 鱼部	6. 支部	7. 脂部	8. 质部
9. 微部	10. 物部	11. 歌部	12. 月部
13. 元部	14. 文部	15. 真部	16. 耕部
17. 阳部	18. 东部	19. 冬部	20. 蒸部
21. 侵部	22. 缉部	23. 谈部	24. 葉部

之幽宵侯鱼支六部都有平、上、去入四声，元文真耕阳东冬蒸侵九部都有平、上、去而无入，脂微歌三部都只有平、上而无去、入②，质物月三部都只有去、入而无平、上，缉葉两部则仅有入声。

以上所述诸家，代表着古音学上最重要的一派。这一派比较地注重材料的归纳，"不容以后说私意参乎其间"（王国维语）。推重这一派的人往往主张二十二部之说，夏炘著《诗古韵表二十二部集说》，所集的是顾炎武、江永、段玉裁、王念孙、江有诰五家，他的结论是"窃意增之无可复增，减之亦不能复减，凡自别乎五先生之说者，皆异说也"。王国维也说："古音二十二部之目遂令后世无可增损。"③但是章炳麟、王力在二十二部的基础上也不过作了小小的补充：章炳麟承认"脂队相近，同居互转"，王力也说："如果谈古音者主张遵用王氏或章氏的古韵学说，不把脂微分开，我并不反对。"

———————————

① 古韵部的名称一律按《广韵》次序，取其在前者，如元部称元不称寒，月部称月不称曷，祭部称祭不称泰。但如果韵目本字不属于该部，则改用下一个韵目，如耕部称耕不称庚。
② 歌戈韵的去声字都是由平上声转来的；脂微等韵的去声一部分应归质物月，另一部分也是由平上声转来的。
③ 见《周代金石文韵读序》。

他们二人所坚持的不过是要承认"同门而异户"罢了①。

另一派的音韵学家以戴震、黄侃为代表。他们的特点是阴、阳、入三声分立。戴震分古韵为九类二十五部，如下②：

(一)1. 阿(歌)　　2. 乌(鱼)　　3. 垩(铎)

(二)4. 膺(蒸)　　5. 噫(之)　　6. 亿(职)

(三)7. 翁(东)　　8. 讴(侯)　　9. 屋(屋)

(四)10. 央(阳)　11. 夭(宵)　12. 约(药)

(五)13. 婴(耕)　14. 娃(支)　15. 戹(锡)

(六)16. 殷(真)　17. 衣(脂)　18. 乙(质)

(七)19. 安(元)　20. 霭(月)　21. 遏(月)

(八)22. 音(侵)　　　　　　　23. 邑(缉)

(九)24. 醃(谈)　　　　　　　25. 馦(葉)

戴氏在阴、阳、入的搭配上犯了一个错误，他不恰当地把歌部看成了阳声，祭泰夬废四韵看成了阴声。

戴氏的古韵二十五部似密而实疏。他自己说："若入声附而不列，则十六部。"③他不肯接受他的老师江永的幽宵分部和他的弟子段玉裁的真文分部。祭泰夬废独立，这是他的创见，但是即使在阴、阳、入三分的情况下，他也只该像王念孙那样把这四个韵和入声月曷末等韵合成一部(黄侃正是这样做的)，而不应该分为两部。

如果按照章炳麟的二十三部，再按照戴震阴、阳、入三分的原则，把所有的入声都独立起来，那就需要增加之幽宵侯鱼支六部的入声，即职觉药屋铎锡六部，成为二十九部。他的弟子黄侃(季刚)

---

① 王力说："我们可以断定，脂微在上古，虽也可认为同韵部，却绝不能认为韵母系统相同。"

② 戴氏以影母字为韵部的名称，括弧内的韵名则依我们所定的名称。

③ 见《声类表》卷首所载的《答段若膺论韵》。

正是走的这一条路。可惜黄侃拘于"古本韵"的说法①,以致幽部没有入声,只得到了二十八部,如下②:

1. 歌(歌)	2. 元(寒)	3. 月(曷)
——	4. 真(先)	5. 质(屑)
6. 微(灰)	7. 文(痕)	8. 物(没)
9. 支(齐)	10. 耕(青)	11. 锡(锡)
12. 鱼(模)	13. 阳(唐)	14. 铎(铎)
15. 侯(侯)	16. 东(东)	17. 屋(屋)
18. 幽(萧)	——	
19. 宵(豪)	20. 冬(冬)	21. 药(沃)
22. 之(咍)	23. 蒸(登)	24. 职(德)
	25. 侵(覃)	26. 缉(合)
	27. 谈(添)	28. 葉(帖)

　　黄氏的阴、阳、入的搭配,比戴氏更为合理。歌元对转、幽冬对转,是继承了孔广森的说法;歌月相配、文物相配,是继承了章炳麟的主张。

　　黄氏认为上古的声调只有平、入两类,因此他的入声韵部实际上包括了《广韵》里大部分的去声字③。在这一点上他比戴氏高明。

　　王力晚年也主张阴、阳、入三分。他把古韵分为十一类二十九部,即在他早年的二十三部的基础上,增加之幽宵侯鱼支六部的入

---

① "古本韵"的说法是一种错误的逻辑推理。这里不详细讨论。读者可参看王力《汉语音韵学》,张世禄《中国音韵学史》313—319 页。

② 仍用我们所定的韵部名称,而把黄氏的原名放在括弧之内。黄氏拘于古本韵之说,韵部以"古本韵"为名,以致韵目本身有不属该部的,如灰部没有"灰"字,"灰"字反在咍部;齐部没有"齐"字,"齐"字反在灰部;先部没有"先"字,"先"字反在痕部。人们即使遵用他的韵部,也不一定用他的韵目,如杨树达。

③ 因此,他有意识地改用入声韵目,如祭部改称曷部,至部改称屑部,队部改称没部。

声,即职觉药屋铎锡六部,如下表①:

(一)1. 之部 ə	2. 职部 ək	3. 蒸部 əŋ
(二)4. 幽部 əu	5. 觉部 əuk	——
(三)6. 宵部 au	7. 药部 auk	——
(四)8. 侯部 o	9. 屋部 ok	10. 东部 oŋ
(五)11. 鱼部 a	12. 铎部 ak	13. 阳部 aŋ
(六)14. 支部 e	15. 锡部 ek	16. 耕部 eŋ
(七)17. 歌部 ai	18. 月部 at	19. 元部 an
(八)20. 脂部 ei	21. 质部 et	22. 真部 en
(九)23. 微部 əi	24. 物部 ət	25. 文部 ən
(十) ——	26. 缉部 əp	27. 侵部 əm
(十一) ——	28. 葉部 ap	29. 谈部 am

除了(二)(三)两类不配阳声、(十)(十一)两类不配阴声以外,其余七类都是阴、阳、入三声相配的。

　　如果从分不从合,把冬侵分立,阴、阳、入三声相配可以共有三十部②。古韵二十四部和古韵三十部,这是两大派研究的最后结果。

---

① 表中有假定的音值,基本上依照《汉语史稿》,只有鱼歌两部的拟音稍有不同。

② 能不能加上祭部,成为三十一部呢? 我们认为是不能的,因为去声的祭泰夬废和入声月曷末等韵无论就谐声偏旁说或就《诗经》用韵说,都不能割裂为两部。王念孙、章炳麟、黄侃把它们合为一部是完全正确的,戴震分为两部则是错误的。

第八章　古音(下)

关于上古汉语的韵母系统,我们想讨论四个问题:(1)为什么各家的韵部越分越多呢?(2)为什么阴、阳两分法和阴、阳、入三分法形成了两大派别呢?(3)如何对待上古声调问题?(4)谐声偏旁和上古韵部的关系是怎样的?

1. 为什么各家的韵部越分越多

自从顾炎武以来,音韵学家研究古韵的方法基本上是一致的。大家都知道尊重材料,进行客观的概括,而材料则又都以一部《诗经》为主,同时参照《易经》《楚辞》及先秦诸子中的韵语。既然材料相同,方法相同,所得的结论就该相同。固然,各家的结论的一致性是很大的,但是,毕竟又各有不同之点。所谓"前修未密,后出转精"①,这是什么缘故呢?

主要的原因有两个:第一,是对《诗经》韵例有不同的了解。某字押韵,某字不入韵,某处换韵,其中大有可以研究的余地;第二,是对合韵有不同的看法。讲古韵不能完全不讲合韵,例如"母"字在《诗经》中押韵共十七次,其中十六次入之部,显然应该认为之部字,但也有一次入鱼部(《诗·鄘风·螮蝀》"母、雨"相押),连顾炎

---

① 这是章炳麟的话,见《国故论衡》上。

武也不能不承认"应以满以反为正"①。假如只因一次相通，就泯灭了之鱼两部的界限，那就是不善于区别一般和特殊了。段玉裁说得好："知其分而后知其合，知其合而后愈知其分。"合韵之说，是音韵学家所公认的事实，至于如何掌握分寸才算得当，那又要看音韵学家是否具有卓越的见解了。

试以顾炎武古韵十部作为出发点，来看后人增添各部的理由：

（a）真元分立　《大雅·崧高》押"天神申翰宣"，其实是换韵，"天神申"属真部，"翰宣"属元部。《大雅·生民》押"民嫄"是合韵，"民"属真部，"嫄"属元部。

（b）文元分立　《小雅·楚茨》押"燓愃孙"，《秦风·小戎》押"群镎苑"，都是文元合韵，"孙群镎"属文部，"燓愃苑"属元部。文元合韵的情况很少。

（c）真文分立　《小雅·正月》押"邻云殷"是真文合韵，"邻"属真部，"云殷"属文部。真文合韵情况很少。

（d）幽宵分立　《邶风·柏舟》押"舟流忧游"，而"髦"字不入韵，"舟流忧游"属幽部，"髦"属宵部。《小雅·彤弓》押"囊好酬"，而"弨"字不入韵，"囊好酬"属幽部，"弨"属宵部。《十月之交》押"卯丑"，而"交"字不入韵，"卯丑"属幽部，"交"属宵部。《采绿》押"弓绳"，而"狩钓"在单句不入韵，"狩"属幽部，"钓"属宵部。《小雅·桑扈》押"觩柔求"，而"敖"字在单句不入韵，"觩柔求"属幽部，"敖"属宵部。《角弓》押"浮流忧"，而"髦"字在单句不入韵②，"浮流忧"属幽部，"髦"属宵部。《大雅·公刘》押"瑶刀"，而"舟"字不入韵③，"瑶刀"属宵部，"舟"属幽部。《周颂·丝衣》押

① 满以反，就是之韵上声的止韵字。
② 关于《桑扈》《角弓》的韵例，从江有诰说。
③ 段玉裁认为"舟瑶刀"合韵，江永、江有诰皆认为不入韵。今从二江。

"俅觩柔休"，而"敖"字不入韵①，"俅觩柔休"属幽部，"敖"属宵部。《卫风·木瓜》押"桃瑶报好"，其实是换韵，"桃瑶"属宵部，"报好"属幽部。

幽宵也有合韵的情况。《齐风·载驱》押"滔儦敖"，"滔"属幽部，"儦敖"属宵部。《豳风·七月》押"葽蜩"，"葽"属宵部，"蜩"属幽部。《大雅·思齐》押"庙保"，"庙"属宵部，"保"属幽部。《王风·君子阳阳》押"陶翿敖"，"陶翿"属幽部，"敖"属宵部。《大雅·抑》押"酒绍"，"酒"属幽部，"绍"属宵部。《周颂·良耜》押"纠赵蓼朽茂"，"纠蓼朽茂"属幽部，"赵"属宵部②。

（e）侵谈分立　《卫风·氓》押"葚耽"，段玉裁以为是合韵，因为他认为"葚"属侵部，"耽"属谈部。但江永、孔广森、江有诰都认为"耽"属侵部。我们认为后一说是对的。这样，《诗经》中侵谈没有合韵的情况。

（f）侯鱼分立　《陈风·株林》押"马野驹株"，《大雅·板》押"怒豫渝驱"，其实都是换韵，"马野怒豫"属鱼部，"驹株渝驱"属侯部。《大雅·皇矣》押"祸附侮"是侯鱼合韵，"祸"属鱼部，"附侮"属侯部。按：侯韵和虞韵相押的地方很多，但是江永分虞之半归侯，这个问题就解决了。

（g）侯幽分立　《鄘风·载驰》押"驱侯悠漕忧"，其实是换韵，"驱侯"属侯部，"悠漕忧"属幽部。《唐风·山有枢》首章押"枢榆娄驱渝"，是侯部；二章押"栲杻埽考保"，是幽部，两章不同韵。《小雅·南山有台》四章押"栲杻寿茂"，是幽部；五章押"枸楰耇后"，是侯部，两章不同韵。《大雅·抑》押"仇报"，上文的"茍"字不押韵，"仇报"属幽部，"茍"属侯部。

---

① 参照江有诰说。
② 关于《思齐》《抑》《良耜》的韵例，依段玉裁、江有诰说。

　　侯幽也有个别合韵的情况。《大雅·生民》押"揄蹂叟浮"，"揄"属侯部，"蹂叟浮"属幽部。

　　（h）支脂之分立　这三部在《诗经》分用甚严，《楚辞》及群经诸子中的韵语，分用也非常明显。《鄘风·相鼠》二章押"齿止俟"，是之部；三章押"体礼死"，是脂部，两章不同韵。《小雅·鱼丽》二章押"醴旨"，是脂部；三章押"鲤有"，是之部，两章不同韵。《周颂·载芟》押"济秭醴妣礼"，而"积"字不入韵①，"济秭醴妣礼"属脂部，"积"属支部②。《大雅·桑柔》押"资维阶"，而"疑"字不入韵③，"资维阶"属脂部，"疑"属之部。《邶风·静女》三章押"荑异美贻"，其实是交韵（单句与单句押，双句与双句押），"荑美"是脂部④，"异贻"是之部。

　　（i）质脂分立　质部的独立性是很大的，它和脂部很少牵辖，所以段玉裁能把它归入真部。王念孙把它独立以后，只承认有三处是质术合韵的⑤：《鄘风·载驰》押"济闷"，"济"属脂部，"闷"属质部；《大雅·皇矣》押"类致"，"类"属脂部，"致"属质部；《抑》押"疾戾"，"疾"属质部，"戾"属脂部。王念孙以为《小雅·宾之初筵》二章"以洽百礼，百礼既至"，是以两个"礼"字为韵，而"至"字不入韵。

　　王力所定的质部，收字与王念孙稍有不同。他按照语音系统，把脂微分部与质物分部作了对比，于质部增收了"器弃綮继计戾洎隶闭季惠穟届阕肆"等字。这样，"疾"与"戾"相押就不算合韵了。《小雅·节南山》押"惠戾届阕"，也就跟《大雅·抑》的"疾戾"系联

---

① 依江有诰说。
② "积"字属支部入声，入声独立则属锡部。
③ 依江有诰说。
④ 段玉裁未以"荑美"为韵，此依江有诰说。
⑤ 术即物部，当时物部尚未独立，只作为脂部入声。

起来了①。

(j)月物分立　月物两部,段玉裁本来把它们都归入脂部。王念孙把月部独立了,章炳麟再把物部独立了,脂部就没有入声了。月物也有几处合韵的情况。《曹风·候人》押"荟蔚","荟"属月部,"蔚"属物部。《小雅·出车》押"旆瘁","旆"属月部,"瘁"属物部。《大雅·生民》押"旆穟","旆"属月部,"穟"属物部。月物的合韵虽然比月质的合韵多些,但是王念孙、江有诰仍旧把月部独立起来。按语音系统说,他们这样做是对的。

(k)脂微分立　《卫风·硕人》押"顾衣妻姨私",其实是换韵,"顾衣"属微部,"妻姨私"属脂部。《豳风·七月》押"迟祁悲归",其实是换韵,"迟祁"属脂部,"悲归"属微部。《小雅·采薇》押"依霏迟饥悲哀",其实是换两次韵,"依霏悲哀"是微部,"迟饥"是脂部。《鼓钟》押"喈湝悲回",其实是换韵,"喈湝"是脂部,"悲回"是微部。《周南·葛覃》首章押脂部"萋喈",而"飞"字不入韵;三章押微部"归衣",而"私"字不入韵。《小雅·谷风》押微部"违颓",而"迟迮"不入韵。《邶风·北风》押微部"霏归",而"喈"字不入韵。《小雅·巧言》押脂部"麋阶",而"伊几"非韵。《四月》押微部"腓归",而"凄"字不入韵。《谷风》押"菲体违死",正如《邶风·静女》押"荑异美贻"一样,这是一种交韵,"菲违"属微部,是奇句韵;"体死"属脂部,是偶句韵。

王力把《诗经》中脂微押韵做了一个统计,在110个押韵的地方,脂微分用者84处,约占全数四分之三;脂微合韵者26处,不及全数四分之一。最可注意的,是长篇用韵不杂的例子,例如《大雅·板》五章押"懠毗迷尸屎葵师资",《小雅·大东》一章押"匕砥

---

① 但是因此又产生一些质物合韵和质月合韵的新情况。质物本是同门异户,合韵是很自然的。质月合韵只有一例:《小雅·雨无正》押"灭戾勩","灭勩"属月部,"戾"属质部。

矢履视涕",《周颂·载芟》押"济秠醴妣礼",《丰年》押"秠醴妣礼
皆",《卫风·硕人》二章押"荑脂蝤犀眉",都用的是脂部,不杂微部
一字;《齐风·南山》押"崔绥归归怀",《大雅·云汉》押"推雷遗遗畏
摧",都用的是微部,不杂脂部一字。这些都不能认为是偶然的现象。

(1)缉侵分立　　缉部和侵部本来是不相押韵的。《秦风·小
戎》二章被顾炎武认为是押"骖合軜邑念",按:《小戎》原文是:"骐
骝是中,騧骊是骖。龙盾之合,鋈以觼軜。言念君子,温其在邑。
方何为期,胡然我念之!"这是以"中骖"为韵,押侵部,"合軜邑"为
韵,换押缉部,"期之"为韵,换押之部,"念"字非韵。《小雅·常
棣》七章被顾炎武认为是"合琴翕湛"押韵,其实这是交韵,单句押
"合翕",属缉部,双句押"琴湛",属侵部。

(m)葉谈分立　　按:葉部与谈部在《诗经》中并无罣辖,只因顾
炎武的侵谈不分,他既认为缉侵同部,自然葉谈也同部了。江永、
段玉裁拘于平、入相配,没有让缉葉独立。孔广森建立一个合部,
是独立的先声,但是缉葉混为一部。到了王念孙和江有诰,才把这
两部各自独立起来了①。

这里我们没有讲职觉药屋铎锡六部的独立,因为那不是从《诗
经》概括的结果,而是属于阴、阳、入三声分立的问题。

2. 为什么阴阳两分法和阴阳入三分法形成了两大派别

顾炎武的古韵十部,事实上是阴、阳两分法,因为他把入声归
入了阴声。段玉裁的古韵十七部,事实上也是阴、阳两分法,只不
过他以质属真,步骤稍为有点乱罢了。孔广森的古韵十八部,开始
标明阴、阳,并且宣称古代除缉合等闭口音以外没有入声。而他的
合类(即缉合等闭口音)是归入阴声去的。王念孙和江有诰虽没有
区分阴、阳,看来也不主张阴、阳、入截然分为三类。章炳麟作成均

---

① 戴震也把这两部独立起来,那是从阴、阳、入三分的角度来看的,与王念孙、江有诰
不同。

图,把月物质三部(他叫做泰队至)归入阴界,缉葉两部(他叫做缉
盍)归入阳界,仍然是阴、阳两分。

江永把入声另分八部,并主张数韵共一入,这是阴、阳、入三分
的先河。戴震认为入声是阴、阳相配的枢纽,所以他的古韵九类二
十五部是阴、阳、入三声分立的。应该指出,戴氏和江永的古韵分
部的性质还是很不相同的。江永只分古韵为十三部,而没有分为
二十一部(连入声),他还不能算是阴、阳、入三分,入声还没有和
阴、阳二声分庭抗礼。到了戴震,入声的独立性才很清楚了。但
是,戴震的入声概念和黄侃的入声概念是不同的。戴震的入声是
《广韵》的入声,所以祭泰夬废不算入声;黄侃的入声是《诗经》的入
声,所以祭泰夬废算是入声。黄侃承受了段玉裁古无去声之说,更
进一步还主张古无上声,这样就只剩下平、入二类,平声再分为阴、
阳,就成了三分的局面。用今天语音学的术语来解释,所谓阴声,
就是以元音收尾的韵部,又叫做开口音节;所谓阳声,就是以鼻音
收尾的韵部;所谓入声,就是以清塞音 p、t、k 收尾的韵部。这样分
类是合理的。

阴、阳两分法和阴、阳、入三分法的根本分歧,是由于前者是纯
然依照先秦韵文来作客观的归纳,后者则是在前者的基础上,再按
照语音系统进行判断。这里应该把韵部和韵母系统区别开来。韵
部以能互相押韵为标准,所以只依照先秦韵文作客观归纳就够了;
韵母系统则必须有它的系统性(任何语言都有它的系统性),所以
研究古音的人必须从语音的系统性着眼,而不能专凭材料。

具体说来,两派的主要分歧表现在职觉药屋铎锡六部是否独
立。这六部都是收音于-k 的入声字。如果并入了阴声,我们怎样
了解阴声呢?如果说阴声之幽宵侯鱼支六部既以元音收尾,又以
清塞音-k 收尾,那么,显然不是同一性质的韵部,何不让它们分开
呢?况且,收音于-p 的缉葉、收音于-t 的质物月都独立起来了,只

有收音于-k 的不让它们独立,在理论上也讲不通。既然认为同部,必须认为收音是相同的:要么就像孔广森那样,否认上古有收-k 的入声①,要么就像西洋某些汉学家所为,连之幽宵侯鱼支六部都认为也是收辅音的②。我们认为两种做法都不对:如果像孔广森那样,否定了上古的-k 尾,那么中古的-k 尾是怎样发展来的呢? 如果像某些汉学家那样,连之幽宵侯鱼支六部都收塞音(或擦音),那么,上古汉语的开口音节那样贫乏,也是不能想象的。王力之所以放弃了早年的主张,采用了阴、阳、入三声分立的说法,就是这个缘故。

3. 如何对待上古声调问题

关于上古的声调,从来就有各种不同的意见。顾炎武主张四声一贯,他承认古有四声,承认"平声音长,入声音短",承认"平多韵平,仄多韵仄",但是他同时认为"上或转为平,去或转为平上,入或转为平上去,则在歌者之抑扬高下而已"。这样,他是主张歌者可以临时转变声调的。江永说:"平自韵平,上去入自韵上去入者恒也。亦有一章两声或三四声者,随其声讽诵咏歌,亦自谐适,不必皆出一声。如后人诗余歌曲,正杂用四声,诗韵何独不然?"江氏的主张与顾氏颇有不同,他不承认临时变调,而认为异调相押只是四声杂用,其说自比顾氏高出一筹。江永坚持入声不能转为平上去,他说:"入声与去声最近,诗多通为韵,与上声韵者间有之,与平声韵者少,以其远而不谐也。韵虽通而入声自如其本音,顾氏于入声皆转为平、为上、为去,大谬!"段玉裁以为古无去声。他说:"古

---

① 孔氏同时还否认上古有收-t 的入声。这里不牵涉到收-t 的问题,所以只谈收-k 的问题。

② 例如西门(Walter Simon)和高本汉(B. Karlgren)。西门做得最彻底,六部都认为是收浊擦音 ɣ;高本汉顾虑到开口音节太少了,所以只让之幽宵支四部及鱼部一部分收浊塞音 g。

平上为一类,去入为一类;去与入一也。上声备于三百篇,去声备于魏晋。"仔细体会他的语意,似乎《诗经》时代以前只有平声,但到了《诗经》时代已经有了上声。黄侃更进一步,以为《诗经》时代也没有上声,于是只有平、入两声。孔广森则以为除闭口韵外,古无入声。王念孙以为古有四声,但是有些韵部是四声俱备的,有些是有平、上、去而无入的,有些是有去、入而无平、上的,有些是有入而无平、上、去的。江有诰在《古韵凡例》中曾说"古无四声,确不可易",但是到了《唐韵四声正》里,却又说:"至今反复紬绎,始知古人实有四声,特古人所读之声与后人不同。"王国维别开生面,创为五声之说,因为他看见《诗经》中凡阳声韵都只有一声,就认为是另一种声调,与四声并列则共成阴、阳、上、去、入五声。

我们应该怎样看待上古声调问题呢? 首先是入声问题需要讨论。我们可以从两个角度来看入声:第一,入声是以-p、-t、-k收尾的,这是韵母问题,从这个角度看,段氏所谓去、入为一类是正确的,《广韵》里的去声字,大部分在上古都属入声;第二,入声是一种短促的声调,这是声调问题,从这个角度看,段氏所谓古无去声是不对的,因为《广韵》里的阴韵去声字虽然大部分在上古收音于-t、-k,但是它们不可能与《广韵》里的入声字完全同调,否则后代没有分化的条件,不可能发展为两声。我们认为上古有两种入声:一种是长入,到中古变为去声;一种是短入,到中古仍是入声。当然长入也可以称为去声,只不过应该把上古的去声字了解为以-p、-t、-k收音罢了①。

我们不能说上古没有上声。依段玉裁《六书音均表·诗经韵分十七部表》所载,之幽侯鱼脂等也有上声,甚至在阳声韵中,段氏所认为没有上声的,也不一定真是没有上声,如《小雅·巷伯》押

---

① 有小部分去声字在上古应属平声或上声,例如"庆"字在上古读平声,"济"字在上古读上声。

"锦甚",《陈风·泽陂》押"菡俨枕",《商颂·长发》押"勇动竦总",《齐风·南山》押"两荡",《小雅·北山》押"仰掌",《楚茨》押"尽引",《邶风·柏舟》押"转卷选",《静女》押"娈管",《鄘风·载驰》押"反远",《周颂·执竞》押"简反反"等,也都不能不认为上声。

我们认为江永四声杂用的意见是正确的。不同声调可以押韵,至今民歌和京剧、曲艺都是这样的。甚至入声也可以跟阴声押韵,只要元音相同,多了一个唯闭音收尾还是勉强相押,这叫做不完全韵。

我们的结论是:上古阴、阳、入各有两个声调,一长一短①,阴、阳的长调到后代成为平声,短调到后代成为上声;入声的长调到后代成为去声(由于元音较长,韵尾的塞音逐渐失落了),短调到后代仍为入声。

4. 谐声偏旁和上古韵部的关系是怎样的

在很早的时候,就有人注意到谐声偏旁和古韵部的关系。宋徐蕆为吴棫的《韵补》作序说:"殊不知音韵之正,本之字之谐声,有不可易者。如霾为亡皆切,而当为陵之切者,因其以貍得声;浼为每罪切,而当为美辨切,因其以免得声。有为云九切,而贿痏洧鲔皆以有得声,则当为羽轨切矣②;皮为蒲縻切,而波坡颇跛皆以皮得声,则当为蒲禾切矣。"江永《古韵标准》也常常讲到谐声偏旁,例如以晖入真部,注云军声。到了段玉裁,更明确地提出:"同声必同部。"江有诰因古韵分部及具体归字都与段氏有所不同,所以他又作《谐声表》。孔广森在《诗声类》中,也开列各部偏旁之见于《诗》

---

① 上文说过,元音的高低长短都是构成声调的要素。这里强调了长短,并不是说上古声调就没有高低的差别了。

② "有"属之部,"轨"属幽部,徐蕆当时还不知道这个分别。顾炎武改为羽鬼切也不对,"鬼"属微部。

者，以与《诗经》用韵相印证。

　　我们认为谐声偏旁与上古韵部的关系实在是非常密切的。但不是像徐蕆所说的上古的音读"本之字之谐声"，而是相反，字的谐声偏旁是根据上古的字的读音。因此，谐声偏旁能够反映古韵部的一些情况，即"同声必同部"。但是《诗经》时代离开造字时代已经很远，语音已经有了发展，当《诗经》用韵与谐声偏旁发生矛盾时，仍当以《诗经》为标准，例如"颙"字，《诗经》既拿来押"公"字（《小雅·六月》），就不必再归入侯部；"傩"字，《诗经》既拿来押"左瑳"，就不必再归入元部。这叫做阴阳对转："颙"从禺声而入东部是东侯对转，"傩"从难声而入歌部是元歌对转。阳声和入声也可以对转，如《小雅·大田》以"螣贼"相押，"螣"字就不必再归入蒸部，而应该直接归入职部。《齐风·甫田》以"桀怛"相押，"怛"字就不再归入元部，而应该直接归入月部。阴声和入声也可以对转，如《唐风·扬之水》以"凿襮沃乐"相押，《小雅·隰桑》以"沃乐"相押，"沃"字就不必再归入宵部。

　　这里我们也作一个谐声表，以偏旁之见于《诗》者为准。同时在每部附列一些散字，表示这些字已经从谐声偏旁所属的韵部转到这个韵部来了。

　　（1）之部　　屮声①　　目声②　　丝声　　其声　　臣声③　　里声
才声④　　兹声　　来声　　思声　　不声⑤　　龟声　　某声　　母声　　尤声
邮声　　丘声　　牛声　　止声　　喜声　　己声　　巳声　　史声　　耳声

---

① 屮，即"之"字。"蚩寺"等字都从屮得声，"时恃"等字又从寺得声。
② 目，即"以"字，亦即已字。"似矣台"等字从目得声。"能"字也从目得声。
③ 臣，即"颐"字，"姬熙"等字从臣得声。
④ "哉载在"从才声。
⑤ "否丕"等字都从不声。

子声　士声　宰声①　采声　音声　又声②　旧声　久声　妇声
负声　司声　事声　佩声　而声　台声　疑声

　　散字:裘

　　(2)职部　戠声　弋声③　亟声　塞声　苟声④　北声⑤
畐声　直声　力声　食声⑥　敕声　息声　则声⑦　昃声　色声
棘声⑧　或声　奭声　导声　匿声　克声　黑声　革声　伏声
服声　牧声　戒声　異声⑨　意声

　　散字:特縢

　　(3)蒸部　丞声　徵声　夌声　应声　朋声　仌声⑩　黾声
升声　朕声⑪　兢声　兴声　登声　曾声　厷声⑫　弓声
瞢声⑬　亘声⑭　乘声

　　散字:陾

　　(4)幽部　幺声⑮　求声　九声　丣声⑯　卯声⑰　酉声　流

---

① "梓"从宰声。
② "右友有灰"都从又声。
③ 弋声有"忒式"。式声有"试"。
④ 苟,即具备的"备"字。
⑤ 北声有"背"。
⑥ 食声有"饰蚀"。
⑦ "贼"字也从则声。
⑧ 棘声有"穑"。
⑨ 異声有"翼"。
⑩ 仌,即"冰"字。
⑪ 朕声有"勝腾滕"。
⑫ 厷,即肱字。厷声有"弘雄"。
⑬ 瞢声有"夢甍"。
⑭ 亘声有"恒"。
⑮ 幺声有"幽"。
⑯ 丣,即古文"酉"字。丣声有"劉留柳茆"。
⑰ 卯声有"昴聊"。

声 秋声 斿声 攸声 由声 翏声 收声 州声 周声 舟
声① 舀声 孚声 牟声 忧声 囚声 休声 叜声 矛声 雔
声② 寿声 咎声 舅声 叉声③ 缶声④ 棘声⑤ 牢声 包声
裒声 丑声 万声⑥ 韭声 首声 手声 阜声 卤声 受声
秀声 鸟声 昊声 早声⑦ 枣声 呆声⑧ 早声⑨ 帚声 牡
声 戊声 好声 篹声 守声 臭声 裒声 售声 报声
冃声⑩

    散字:椒

    (5)觉部　 朮声⑪ 祝声 六声⑫ 复声 宿声 夙声 肃声
畜声 学声⑬ 毒声 竹声⑭ 逐声 匊声 肉声⑮ 穋声 告
声 就声 奥声

    散字:穋(稑)迪涤

    (6)宵部　小声⑯ 朝声 麃声 苗声 要声 票声 爻声

---

① 舟声有"朝"。
② 雔声有"雠"。
③ 叉,即"爪"字。叉声有"蚤骚"等。
④ 缶声有"宝"。
⑤ 棘声有"曹"。曹,原作"曹"。
⑥ 万音苦浩切。万声有"考栲朽"。
⑦ 早声有"阜草"。
⑧ 呆,即古文"保"字。
⑨ 早声有"鸨"。
⑩ 冃,即"帽"字。冃声有"冒"。
⑪ 朮,即"秫"字。朮声有"俶戚蔑"。
⑫ "陆"从六声。
⑬ 学声有"觉"。
⑭ 竹声有"笃鞠"。鞠,本作"籟"。
⑮ 肉声有"育"。
⑯ 小声有"肖",肖声有"消悄"。

寮声　劳声　尧声　巢声　䍃声　夭声　交声　高声①　敖声
毛声　刀声　兆声　丩声　杲声　到声　盗声　号声　吊声　少
声　焦声

散字：敠

　（7）药部　卓声　丵声②　勺声③　龠声　弱声④　虐声　乐
声　翟声　暴声　皃声⑤　鹤声

散字：沃駮

　（8）侯部　侯声　区声　句声　娄声　禺声　刍声　需声
俞声　殳声　朱声　取声　豆声　口声　后声　後声　厚声
斗声　主声　臾声　侮声　奏声　冓声　扁声　具声　付声　舜
声　壴声⑥

散字：妖

　（9）屋部　谷声　屋声　蜀声　賣声⑦　𣪠声　束声　鹿声
族声　粪声　卜声　木声　玉声　狱声　辱声　曲声　足声　角
声　豕声⑧　局声

　（10）东部　东声⑨　同声　丰声⑩　充声　公声　工声⑪　冢

---

① 高声有"乔"，乔声有"骄"等。
② 丵声有"凿"。
③ 勺声有"的"。
④ 弱声有"溺"。
⑤ 皃，即"貌"字。
⑥ 壴声有"樹厨"，厨声有"橱櫉"。
⑦ 賣音余六切。賣声有"讀續"等。
⑧ 豕声有"琢琢"等。
⑨ 东声有"童重"。童声有"僮"等，重声有"鐘動衝"等。
⑩ 丰声有"邦逢"等。
⑪ 工声有"江"，江声有"鸿"。

声 囟声 从声 龙声 容声 用声① 封声 凶声 邕声② 共
声③ 送声 双声 庞声

(11)鱼部 鱼声 余声④ 与声⑤ 旅声 者声⑥ 古声 车
声 疋声⑦ 巨声 且声 去声 于声⑧ 虍声⑨ 父声⑩ 瓜声
乎声 壶声 无声 图声 土声⑪ 女声⑫ 乌声 叚声⑬
家声 巴声 牙声⑭ 五声⑮ 圉声 宁声⑯ 卸声⑰ 鼠声
黍声 雨声 午声 户声⑱ 吕声 鼓声 股声⑲ 马声 下声
寡声 夏声 吴声 武声 羽声 禹声 兔声 素声 亚声
睾声 眍声⑳

(12)铎部 睪声 各声 蒦声 屰声㉑ 昔声 舄声 夕声

---

① 用声有"庸诵勇"等。
② 邕声有"雝"。雝,即"雍"字。
③ 共声有"巷"。
④ 余声有"舍",舍声有"舒"。
⑤ 与(與)声有"舉"。
⑥ 者声有"書"。
⑦ 疋,即"雅"字,或云"胥"字。疋声有"胥楚"。
⑧ 于,本作"亏",亏声有"华"。"华"本作"琴"。
⑨ 虍声有"虎虚卢虏"等。
⑩ 父声有"甫",甫声有"浦"等。
⑪ 土声有"徒"。
⑫ 女声有"奴如"。
⑬ 叚,即"假"字。叚声有"瑕葭"等。
⑭ 牙声有"邪"。
⑮ 五声有"吾",吾声有"语"等。
⑯ 宁,即古"貯"字。
⑰ 卸声有"御",御声有"禦"。
⑱ 户声有"所顧"等。
⑲ 股声有"羖"。
⑳ 眍,古"瞿"字。
㉑ 屰,古"逆"字。屰声有"朔",朔声有"愬"。屰声又有"罗"。罗,即"咢"字。

石声① 毊声 若声 霍声 郭声 百声 白声 谷声②
毛声③ 尺声 亦声④ 赤声⑤ 灾声 载声 庶声⑥ 乍声
射声 莫声

散字:薄

（13）阳部 羊声 量声 畺声 昌声 方声 章声 商声
香声 襄声 相声 向声 易声 亡声⑦ 长声 爿声⑧ 刅声⑨
尚声⑩ 上声 仓声 王声 坒声⑪ 央声 桑声 爽声 网
声⑫ 罔声⑬ 印声 光声 黄声 亢声 庚声⑭ 京声 羹
声 明声 象声 亨声 兵声 兄声⑮ 行声⑯ 皀声⑰ 庆声 丙
声⑱ 永声 竞声

（14）支部 支声 斯声 圭声 巂声 卑声 虒声 氏声
是声 此声 只声

---

① 石声有"柘橐"。
② 谷,即"臁"字。谷声有"峪"。
③ 毛声有"宅托"等。
④ 亦声有"夜"。
⑤ 赤声有"赫"。
⑥ 庶声有"度席"等。
⑦ 亡声有"良丧"。
⑧ 爿,音墙。爿声有"將臧莊牀"等。
⑨ 刅,即"创"字。刅声有"粱梁"。
⑩ 尚声有"堂常"等。
⑪ 坒,音皇。"往匡狂"皆从坒声。
⑫ 网声有"冈",冈声有"刚纲"等。
⑬ 罔,即"兩"字。
⑭ 庚声有"唐康"等。
⑮ 兄声有"贶况"。
⑯ 行声有"衡"。
⑰ 皀,音香。皀声有"鄉卿"。
⑱ "更"从丙声,原写作"叓"。

(15)**锡部** 益声 易声 厄声 析声 昊声① 狄声 辟声
商声② 脊声 鬲声 解声 束声③

(16)**耕部** 丁声④ 争声 生声⑤ 赢声 盈声 𤷄声
贞声 壬声⑥ 殸声 正声⑦ 名声 顷声⑧ 骍声 坙声 叕
声⑨ 盎声 冥声 平声 敬声 鸣声 粤声

散字:刑屏

(17)**歌部** 可声⑩ 左声 差声 我声⑪ 沙声 加声 皮
声 为声 吹声 离声 罗声 那声 多声⑫ 禾声 它声 也
声⑬ 瓦声 吴声 化声 罢声⑭

散字:傩

(18)**月部** 兑声⑮ 世声⑯ 彗声⑰ 丰声⑱ 万声⑲ 匄声⑳

---

① 昊,古阒切。昊声有"鹗阒"。
② 商声有"摘适谪蹢等"。
③ "束"就是芒刺的"刺"字。束声有"刺",又有"责"。责声有"绩赜"等。
④ 丁声有"成"。
⑤ 生声有"青"。
⑥ 壬,音挺。壬声有"廷庭听醒程"等。
⑦ 正声有"定"。
⑧ 顷声有"颖颖颖"等。
⑨ 叕,音靈。"灵"从叕声。
⑩ 可声有"奇"。
⑪ 我声有"義羲",義声有"儀議"等。
⑫ 多声有"侈哆移宜"。宜,本作"宐"。
⑬ 也声有"地施驰池"等。
⑭ 罢声有"罴"。
⑮ 兑声有"脱说阅"等。
⑯ 世声有"泄勘"等。
⑰ 彗声有"霄",霄,即"雪"字。
⑱ 丰,音介。丰声有"害",害声有"辖"等。
⑲ 万声有"厉迈虿"等。
⑳ 匄,即"丐"字。匄声有"曷",曷声有"渴竭"等。

乂声　大声①　带声　外声　会声　介声　祭声②　拜声　贝声③　吠声　喙声　最声④　卫声　欮声　戉声⑤　列声　舌声　昏声⑥　折声⑦　伐声⑧　市声⑨　月声　戉声⑩　友声⑪　癶声⑫　末声　寽声⑬　叕声⑭　孽声　截声　桀声　热声　役声　夺声　岜声⑮　彻声　设声

散字：怛

（19）元部　泉声⑯　袁声⑰　亘声⑱　爰声　采声⑲　樊声　繁声　半声　言声　干声　臥声　吅声⑳　难声㉑　安声　奴声

---

① 大声有"达"，"达"本作"达"。
② 祭声有"察"。
③ 贝声有"败"。
④ 最声有"撮"。
⑤ 戉声有"歲"，有"威"。
⑥ 昏，音括。昏声的字隶书都写作舌旁。昏声有"活括佸"等，活声有"阔"。
⑦ 折声有"逝哲晰"。
⑧ 伐声有"蔑"。
⑨ 市，音肺。市声有"肺芾巿"。
⑩ 戉，即"钺"字。戉声有"越钺"。
⑪ 友声有"髮拔"等。
⑫ 癶，音拨。癶声有"發"，發声有"撥"。
⑬ 寽，即"捋"字。
⑭ 叕，即古"缀"字。叕声有"掇惙辍"等。
⑮ 岜，音"臬"（niè）。"薛蘗"从岜声。
⑯ 泉声有"原"，原声有"嫄愿"等。
⑰ 袁声有"還環遠"等。
⑱ 亘声有"垣宣"等。
⑲ 采，古"辨"字。采声有"番"，番声有"蕃燔藩"等。采声又有"卷"，"卷"本作"番"。
⑳ 吅，古"喧"字。吅声有"單（单）"，单声有"瘅蝉"等。
㉑ 难声有"嘆嫨漢"等。

苋声① 戋声 元声② 丸声 专声 卯声③ 厂声④ 反声 官
声 山声 閒声 闲声 睪声 犬声⑤ 延声 丹声⑥ 廛声 连
声 盾声 鷹声 死声 展声 巽声 宪声 柬声 虔声 衍声
焉声 肩声 夗声 乱声 段声 曼声 毌声⑦ 弁声 羴声
散声 见声 燕声 鲜声 萬声

(20)脂部 二声⑧ 匕声⑨ 夷声 弟声 饥声 氐声 犀
声 屖声⑩ 尸声 厶声⑪ 示声⑫ 矢声⑬ 米声 齐声 妻声
美声 𦳚声 死声 履声 豊声⑭ 㸚声⑮ 皆声 眉声 癸声
伊声 师声 岂声

(21)质部 一声 七声 至声⑯ 必声⑰ 疐声 日声 乙
声⑱ 疾声 实声 㣈声 匹声 吉声⑲ 栗声 血声 穴声 逸

---

① 苋声有"宽"。
② 元声有"完",完声有"冠"。
③ 卯,古"卵"字。"關"从卯声。
④ 厂,音呼旱切。"彦颜雁"都从厂得声。
⑤ 犬声有"然"。
⑥ 丹声有"旃"。
⑦ 毌,即古"贯"字。
⑧ 二声有"次",次声有"茨资"等。
⑨ 匕声有"旨",旨声有"指"等。匕声又有"比",比声有"妣"等。匕声又有"尼",尼声有"泥"。
⑩ 屖声有"稺",即"稚"字。
⑪ 厶,即古"私"字。
⑫ 示声有"祁视"。
⑬ 矢声有"翳"。
⑭ 豊声有"禮體"等。
⑮ 㸚,即古文"尔"字。
⑯ "室"从至声。
⑰ 必声有"瑟密瑟"等。
⑱ 乙声有"失",失声有"秩佚"等。
⑲ 吉声有"壹",壹声有"噎懿"等。

声　卪声①　抑声　毕声　季声　隶声②　弃声　替声③　惠声
戾声　肆声　畀声　四声　兕声　利声

　　散字：泧屆④

　　（22）真部　因声　臣声⑤　人声⑥　信声　申声⑦　频声⑧
参声　粦声　真声　尘声　民声　身声　旬声　匀声　命声　令
声　千声⑨　田声　瞑声　玄声　天声　扁声　妻声⑩　引声
卂声⑪

　　散字：矜

　　（23）微部　自声⑫　佳声⑬　畾声⑭　贵声⑮　虫声⑯　回声
鬼声　畏声　褢声　韦声　尾声　皋声⑰　微声　非声　飞声
几声　希声　衣声⑱　水声　毁声　妥声⑲　枚声　威声　委声

---

① 卪，即“节（節）”字。卪声有“即”，即声有“節”，節声有“栉”。
② 隶声有“肆”。
③ 段玉裁云：“替古音铁。”
④ 从季声以下不属于王念孙的至部。又王氏至部尚有“彻设”二字，今从江有诰归月部。
⑤ 臣声有“堅賢”。
⑥ 人声有“仁”。
⑦ 申声有“神陳电”。
⑧ 频声有“賓”。
⑨ 千声有“年”，“年”本作“季”。
⑩ 妻声有“盡（尽）”，尽声有“烬”。
⑪ 卂，息晋切。卂声有“讯迅”等。
⑫ 自，古“堆”字。自声有“追歸”。
⑬ 佳，音锥。佳声有“崔唯鷬隼”等。
⑭ 畾声有“雷累”。
⑮ 贵声有“遗匮”等。
⑯ 虫，许伟切。虫声有“虺”。
⑰ 皋，即“罪”字。
⑱ 衣声有“哀”。
⑲ 妥声有“绥”。

散字:火

(24)**物部** 勿声 卒声① 𠬝声② 孛声 聿声 尤声
出声 弗声 鬱声 气声③ 旡声④ 退声 内声 对声 未声
胃声 㒸声⑤ 位声 类声 尉声

(25)**文部** 文声 困声 分声 屯声 胤声 辰声 巾声
殷声 𠅘声⑥ 先声 西声 门声⑦ 云声 员声 焚声 尹声⑧
熏声 斤声⑨ 堇声 昆声 孙声 飧声 存声 军声⑩ 川声
巛声⑪ 刃声 允声 畾声 豚声 壹声⑫ 免声 卉声⑬ 䆉声
昏声⑭ 垔声 典声

(26)**缉部** 咠声 合声 劦声 执声 立声 入声 及声
邑声 集声

散字:軜

(27)**侵部** 寻声 兓声⑮ 林声 品声⑯ 㔾声 甚声 壬声

---

① 卒声有"醉萃瘁"等。
② 𠬝声有"没"。
③ 气声有"仡"。
④ 旡,居未切。旡声有"既",有"爱"。"爱"本作"憂"。
⑤ 㒸声有"隊遂"等。
⑥ 𠅘,隶书写作"享"。𠅘,音纯。𠅘声有"錞犉敦"。
⑦ 门声有"闻问"。
⑧ 尹声有"君",君声有"群"。
⑨ 斤声有"旂祈顾"。
⑩ 军声有"辉翚"等。
⑪ 巛声有"鯀"。
⑫ 壹,同"阃"。不是"壶"字。
⑬ 卉声有"奔渍"。
⑭ 昏声有"缗痻"。
⑮ 兓,古"簪"字。兓声有"僭潛潛"等。
⑯ 品声有"临"。

心声　今声①　音声　彡声②　三声　南声　男声　尤声③
马声④　龟声　凡声　臽声　占声　覃声　冬声　众声　宗声
中声　虫声⑤　戎声　宫声⑥　农声　夆声　宋声⑦
　　散字:贬
　　(28)葉部　枼声　业声　疌声　涉声　甲声　厭声
　　(29)谈部　炎声　甘声　监声　詹声　敢声⑧　斩声　兼声
金声

二、上古的声母系统

　　在汉语音韵学中,上古声母系统的研究比不上上古韵母系统
的研究成绩来得大,主要原因在于材料比较缺乏。关于上古韵部
的研究,我们有先秦韵文作为根据;关于上古声母的研究,我们就
没有这样优越的条件了。到目前为止,中国的音韵学家一般只能
根据五种材料来研究上古的声母⑨:第一是谐声偏旁;第二是声
训⑩;第三是读若⑪;第四是异文;第五是异切(不同的反切)⑫。

------

① 今声有"念含金锦陰"等。今声又有"饮","饮"本作"歓"。
② 彡,音衫。彡声有"参",参声有"骖"。
③ 尤,音淫。尤声有"枕髡耽沈"。
④ 马,乎感切。马声有"函","函"本作"圅"。
⑤ 虫声有"融"。
⑥ 宫声有"躬","躬"本作"躳"。躳声有"穷"。
⑦ 从冬声到宋声,顾炎武、江永、戴震、王念孙入东部;孔广森、江有诰、章炳麟、黄侃入
　冬部。
⑧ 敢声有"嚴",嚴声有"巖儼"。
⑨ 汉藏系语言的比较研究,对上古汉语声母系统的研究会有很大的帮助。可惜这方面
　工作进行的还少,还没有得出一些满意的结论。
⑩ 声训是拿声母相同或相近的字来解释字义,如:"天,颠也。"
⑪ 读若是一种注音法,如:"冲,读若动。"
⑫ 研究上古韵部也可以根据这后四种材料,但因韵文的材料多了,这些材料就处于次
　要的地位了。

中国音韵学家对于上古声母的研究,总不外是在守温三十六字母的基础上,进行一些合并工作。他们总以为上古的声母较少。他们用简单化的办法来处理上古声母问题是不对的,但是他们所发现的情况有很大的参考价值。现在先叙述他们的意见,然后加以评论。这些意见是按照时代的先后来安排的。

(1)古无轻唇音　钱大昕(晓徵)首先提出了古无轻唇音的说法①。他提出了古读负如背、古读附如部、古读佛如弼、古读逢如蓬、古读文如门……等例子。

(2)古无舌上音　钱大昕同时提出了舌音类隔之说不可信的说法。他以为古无舌头、舌上之分:古音陟如得、古音直如特、古音竹如笃、古音陈如田、古音枨如棠……等。

(3)娘日归泥　章炳麟主张娘日二母在上古都归泥母②。从谐声偏旁看,"涅䜷"皆从日声,而"涅"属泥母,"䜷"属娘母("䜷"音尼质切)。从声训上看,《白虎通德论》和《释名》都说:"男,任也。""男"属泥母,"任"在日母。从异文看,"然"又作"䕯",而"䕯"从难声,应是泥母字。

(4)照系二等归精系　这是黄侃的主张③。这是很有道理的。照系二等与精系近,三等与知系近(亦即与端系近)。从谐声偏旁看,宗声有崇,衰声有簑,疋(胥)声有疏,刍声有趋,不胜枚举。从一字两读看,"参"字既读仓含切,又读所今切,"数"字既读所矩切、色句切、所角切,又读趋玉切④,这种例子也不少。

(5)喻三归匣　这是曾运乾的研究结果⑤。他把喻母三等称为

---

① 　见《十驾斋养新录》卷五。
② 　《国故论衡》上有《古音娘日二纽归泥说》。
③ 　见于钱玄同《文字学音篇》。
④ 　此音见于《集韵》。两读虽见于后代的韵书,但也反映了上古的音系。
⑤ 　见曾氏所著《喻母古读考》。下面喻四归定之说也见于同一篇文章。

于母。他的例子是:古读营如环、古读援如换、古读羽如扈、古读围如回、古读员如魂……等等。

(6)喻四归定　这也是曾运乾的主张。他把喻母四等仍称为喻母。他的例子是:古读夷如弟、古读易如狄、古读逸如迭、古读轶如辙(澄母字)、古读遗如隤……等等。

以上所述六点,都是值得参考的①。应该指出,所谓某字古读如某,不能认为完全同音②。假使完全同音,后代就没有条件发展成为差别较大的两个音了。至多只能认为在某一方言里同音,不能认为在多数方言里同音。

上述的六种上古声母,可以概括为两种情况:第一种情况是声母完全一样,只是韵头不同(由于韵头不同,影响到后代声母的分化)。(1)轻唇字原是某些韵的合口三等字,与其他呼等有别,但是在上古读 p、p'、b'、m;(2)舌上字原是二、三等字,与一、四等字的韵头有别,但是在上古读 t、t'、d'、n;(3)泥娘在《切韵》中本来就是同一声母,只是娘母多是三等字;(4)于母(喻三)在隋代唐初还与匣同母(见上文),匣母只有一、二、四等,于母只有三等,所以它们是互相补足的。第二种情况是声母相似而不相同。(1)日母在上古可能是读[ȵ],跟泥母读[n]很相近似;(2)照系二等在上古可能是[tʃ]等,跟精系的[ts]很相近似;(3)喻四在上古可能是[d],跟定母的[d']很相近似③。所谓日母归泥、喻四归定等,这个"归"字不能看得太死。

现在根据上面所论,初步列出一个上古声母表,如下:

---

① 其余如章炳麟并喻于影,黄侃并为于影,并群于溪,并审于透,并禅于定,并邪于心,都是不合理的。
② 在古韵方面,道理也一样。古人说"家"读如"姑",只能认为"家、姑"古音相近,但是不能认为完全相同。
③ 喻四在上古还可能分为几类。像羊声等等可能是某种[z],不一定是[d]。

（一）唇音

　　1. 帮（非）p　2. 滂（敷）p'　3. 並（奉）b'　4. 明（微）m

（二）舌音

　　5. 端（知）t　6. 透（彻）t'　7. 喻 d　　　8. 定（澄）d'

　　9. 泥（娘）n　10. 来 l

（三）齿头音

　　（甲）11. 精 ts　12. 清 ts'　13. 从 dz'

　　　　14. 心 s　　　　　　　15. 邪 z

　　（乙）16. 庄 tʃ　17. 初 tʃ'　18. 床 ʤ'　19. 山 ʃ

（四）正齿音

　　20. 照 tɕ　21. 穿 tɕ'　22. 神 dʑ'　23. 审 ɕ

　　24. 禅 ʑ　25. 日 ȵ

（五）牙音

　　26. 见 k　27. 溪 k'　28. 群 g'　29. 疑 ŋ

（六）喉音

　　30. 晓 x　31. 匣（于）ɣ　　　　　32. 影〇

音韵学初步

献给叶圣陶先生

目　　录

序

　　在 1980 年的一次集会上，叶圣陶先生向我提出一个要求，要我写一本浅近的音韵学的书。他说："你们所写的有关音韵学的书和文章都太深了，令人望而生畏。希望你写一本浅近的。"吕叔湘先生在旁边开玩笑说："书名我都给你定好了，叫做《音韵一夕通》！"

　　音韵学一向被人认为是"天书"，看不懂的。我能不能把它写得浅近些呢？我完全没有把握。但是我不敢违抗叶圣老的雅命，于是写了这一本小册子。自己看一看，也还不够浅近。那有什么法子呢？我只能就此交卷了。

王　力

1980 年 6 月 6 日于北京

第一章　现代汉语音韵

　　汉语拼音方案所列的语音就是现代汉语音韵。普通话以北京语音为标准音,因此,汉语拼音方案所列的语音也就是现代北京的语音。

汉语拼音方案

一　字母表

字母	A a	B b	C c	D d	E e	F f	G g
名称	ㄚ	ㄅㄝ	ㄘㄝ	ㄉㄝ	ㄜ	ㄝㄈ	ㄍㄝ

	H h	I i	J j	K k	L l	M m	N n
	ㄏㄚ	ㄧ	ㄐㄧㄝ	ㄎㄝ	ㄝㄌ	ㄝㄇ	ㄋㄝ

	O o	P p	Q q	R r	S s	T t
	ㄛ	ㄆㄝ	ㄑㄧㄡ	ㄚㄦ	ㄝㄙ	ㄊㄝ

	U u	V v	W w	X x	Y y	Z z
	ㄨ	ㄛㄝ	ㄨㄚ	ㄒㄧ	ㄧㄚ	ㄗㄝ

二　声母表

b	p	m	f		d	t	n	l
ㄅ玻	ㄆ坡	ㄇ摸	ㄈ佛		ㄉ得	ㄊ特	ㄋ讷	ㄌ勒

g	k	h		j	q	x
ㄍ哥	ㄎ科	ㄏ喝		ㄐ基	ㄑ欺	ㄒ希

zh	ch	sh	r		z	c	s
ㄓ知	ㄔ蚩	ㄕ诗	ㄖ日		ㄗ资	ㄘ雌	ㄙ思

三　韵母表

	i	u	ü
	ㄧ　　衣	ㄨ　　乌	ㄩ　　迂
a ㄚ　啊	ia ㄧㄚ　呀	ua ㄨㄚ　蛙	
o ㄛ　喔		uo ㄨㄛ　窝	
e ㄜ　鹅	ie ㄧㄝ　耶		üe ㄩㄝ　约
ai ㄞ　哀		uai ㄨㄞ　歪	
ei ㄟ　欸		uei ㄨㄟ　威	
ao ㄠ　熬	iao ㄧㄠ　腰		
ou ㄡ　欧	iou ㄧㄡ　忧		

an ㄢ 安	ian ㄧㄢ 烟	uan ㄨㄢ 弯	üan ㄩㄢ 冤
en ㄣ 恩	in ㄧㄣ 因	uen ㄨㄣ 温	ün ㄩㄣ 晕
ang ㄤ 昂	iong ㄧㄤ 央	uang ㄨㄤ 汪	
eng ㄥ 亨的韵母	ing ㄧㄥ 英	ueng ㄨㄥ 翁	
ong (ㄨㄥ)轰的韵母	iong (ㄩㄥ) 雍		

汉语拼音方案声母、韵母和国际音标对照,如下表(国际音标加[ ]号):

一 声 母

(1)唇音

b＝[p]　　　p＝[pʻ]　　　m＝[m]　　f＝[f]

(2)舌尖中音

d＝[t]　　　t＝[tʻ]　　　n＝[n]　　l＝[l]

(3)舌根音

g＝[k]　　　k＝[kʻ]　　　h＝[x]

(4)舌面前音

j＝[tɕ]　　　q＝[tɕʻ]　　　x＝[ɕ]

(5)舌尖后音

zh＝[tʂ]　　ch＝[tʂʻ]　　sh＝[ʂ]　　r＝[ʐ]①

---

① [ʐ]是卷舌的[r],近似英语的[r]。

(6)舌尖前音

z＝[ts]　　　　c＝[ts']　　　　s＝[s]

二　韵　母

(1)主要元音为[a]者

(甲)a＝[a]　　　ia＝[ia]　　　ua＝[ua]

(乙)ai＝[ai]　　　　　　　　　uai＝[uai]

(丙)ao＝[au]　　iao＝[iau]

(丁)an＝[an]　　ian＝[ian]　　uan＝[uan]　　üan＝[yan]

(戊)ang＝[aŋ]　iang＝[iaŋ]　uang＝[uaŋ]

(2)主要元音为[ə]者

(甲)e＝[ə]

(乙)ei＝[əi]　　　　　　　　　uei＝[uəi]

(丙)ou＝[əu]　　iou＝[iəu]

(丁)en＝[ən]　　　　　　　　　uen＝[uən]

(戊)eng＝[əŋ]　　　　　　　　ueng＝[uəŋ]

(3)主要元音为[o]者

o＝[o]　　　　　　　　　　　uo＝[uo]

(4)主要元音为[e]者

ie＝[ie]　　　　　　　　　　üe＝[ye]

(5)主要元音为[i]者

(甲)i＝[i]

(乙)in＝[in]

(丙)ing＝[iŋ]

(6)主要元音为[u]者

(甲)u＝[u]

(乙)ong＝[uŋ]

(7)主要元音为[y]者

(甲)ü＝[y]

(乙)ün＝[yn]

(丙)iong＝[yŋ]

韵头、韵尾

主要元音前面的[i][u][y],称为韵头;主要元音后面的[i][u][n][ŋ],称为韵尾。

韵头为[i]者,有 ia、ie、iao、iou、ian、iang;韵头为[u]者,有 ua、uo、uai、uei、uan、uen、uang、ueng;韵头为[y]者,有 üe、üan(ü＝[y])。

韵尾为[i]者,有 ai、uai、ei、uei;韵尾为[u]者,有 ao、iao(o＝[u])、ou、iou;韵尾为[n]者,有 an、ian、uan、en、uen;韵尾为[ŋ]者,有 ang、iang、uang、eng、ing、ueng、ong、iong(ng＝[ŋ])。

四　呼

音韵学上所谓四呼,指的是(一)开口呼;(二)齐齿呼;(三)合口呼;(四)撮口呼。

开口呼指的是主要元音为[a][o][ə],而且没有韵头的字。[a][o][ə]发音时,嘴张得比较大,所以叫做开口呼,例如:

巴 ba[pa]　　　　　沙 sha[ʂa]

歌 ge[kə]　　　　　河 he[xə]

泰 tai[t'ai]　　　　来 lai[lai]

黑 hei[xəi]　　　　贼 zei[tsəi]

波 bo[po]　　　　　摩 mo[mo]

包 bao[pau]　　　　曹 cao[ts'au]

侯 hou[xou]　　　　楼 lou[lou]

寒 han[xan]　　　　　山 shan[ʂan]

狼 lang[laŋ]　　　　刚 gang[kaŋ]

根 gen[kən]　　　　很 hen[xən]

更 geng[kəŋ]　　　冷 leng[ləŋ]

　　齐齿呼指的是主要元音为[i]或韵头为[i]的字。[i]发音时，嘴向两边咧开，露出牙齿，所以叫做齐齿呼，例如：

皮 pi[pʻi]　　　　米 mi[mi]

家 jia[tɕia]　　　瞎 xia[ɕia]

借 jie[tɕie]　　　谢 xie[ɕie]

苗 miao[miau]　　摇 yao[iau]

久 jiu[tɕiəu]　　袖 xiu[ɕiəu]

边 bian[pian]　　天 tian[tʻian]

宾 bin[pin]　　　邻 lin[lin]

良 liang[liaŋ]　　强 qiang[tɕʻiaŋ]

零 ling[liŋ]　　　明 ming[miŋ]

　　合口呼指的是主要元音为[u]或韵头为[u]的字。[u]发音时，口腔最小，嘴唇向中间收缩，所以叫做合口呼，例如：

祖 zu[tsu]　　　　路 lu[lu]

郭 guo[kuo]　　　锁 suo[suo]

怪 guai[kuai]　　快 kuai[kʻuai]

贵 gui[kuəi]　　惠 hui[xuəi]

酸 suan[suan]　　官 guan[kuan]

孙 sun[suən]　　昆 kun[kʻuən]

光 guang[kuaŋ]　况 kuang[kʻuaŋ]

公 gong[kuŋ]　　同 tong[tʻuŋ]

　　撮口呼指的是主要元音为[y]或韵头为[y]的字。[y]发音时，嘴唇是圆的，发音部位与[i]相同，它是[i]的圆唇化，所以叫做

撮口呼,例如:

鱼 yu[y]　　　　　　许 xu[ɕy]

雪 xue[ɕye]　　　　　月 yue[ye]

泉 quɑn[tɕ'yɑn]　　　卷 juɑn[tɕyɑn]

君 jun[tɕyn]　　　　　旬 xun[ɕyn]

穷 qiong[tɕ'yŋ]　　　 凶 xiong[ɕyŋ]

　　辨别四呼,汉语拼音方案与国际音标有矛盾时,当以国际音标为准,例如 ong[uŋ]当认为合口呼,iong[yŋ]当认为撮口呼。

第二章 字 母

　　字母就是声母。相传唐末和尚守温创造三十六字母。但他所造的字母代表的是唐末普通话的声母,与现代普通话的声母大不相同。我们研究守温三十六字母,要注意它所代表的是唐末的古音,不是现代汉语的音系。守温三十六字母如下①:

唇音	重唇	帮滂並明
	轻唇	非敷奉微
舌音	舌头	端透定泥
	舌上	知徹澄娘
齿音	齿头	精清从心邪
	正齿	照穿床审禅
牙音		见溪群疑
喉音		晓匣影喻
半舌		来
半齿		日

每一个汉字都可以分别属于三十六字母中的某一字母,例如:
(1)重唇
帮母　邦彼布杯宾奔鞭半报霸播榜兵崩卜笔不博伯北逼
滂母　披普配缤喷篇潘判飘葩颇破滂烹品扑匹撇拍僻

---

① 为说明方便,只提三十六字母。后边唐诗的拟音,是按当时实际语音,唇音都拟为重唇。

並母 蓬皮步倍频盆便盘袍爬旁彭平朋仆雹拔弼勃别薄白

明母 蒙美暮民门眠满蛮毛麻茫萌明曹木邈密没灭末莫陌墨

(2)轻唇

非母 封非匪沸弗甫付福废分粉粪蕃反贩发方放缶富法

敷母 峰霏斐费拂敷抚赴腹肺芬翻芳髣访副泛

奉母 逢奉肥佛扶父附吠汾愤烦饭伐房缚浮妇复凡范梵乏

微母 微尾未物无武务文吻问晚万袜亡罔望

(3)舌头

端母 东笃都带低对掇敦顿单旦颠典刀倒到貂多朵当耽胆

透母 通秃土胎梯腿退滩坦炭天拖他滔讨托挑粜妥唾汤贪探

定母 同独徒台大弟颓队夺屯突坛但田电陶道铎调驼驮堕惰
　　　堂谈淡

泥母 农奴怒耨能乃奈捺泥馁内嫩讷难年撚涅那懦诺宁南男

(4)舌上

知母 中竹桩斫知追猪贮珍镇窒展哲转辍嘲朝罩张摘贞徵陟
　　　肘昼砧沾

彻母 宠忡畜痴耻黜摴楮虿獭彻超诧昶畅怅瞠撑逞抽丑琛诌

澄母 重逐浊驰秩坠除滞陈阵绽缠传朝召著棹茶长丈宅郑澄
　　　直筹沉

娘母 浓尼腻暱女娘酿匿赁黏聂

(5)齿头

精母 宗足资子醉卒济尊赞鬷箭钻早左作嗟臧葬走簪

清母 怱促此七翠妻砌催撮村寸粲倅操蹉错且刬仓趣参

从母 从族慈自疾萃摧罪存残截前贱曹昨坐藏情寂蚕杂

心母 送速思四悉绥髓西洗细悉岁恤孙损散先酸骚索嫂速

邪母 颂续词辞似寺随遂徐序绪续羡涎旋邪谢详像饧席夕
　　　囚袖

（6）正齿

照母　钟烛捉支质锥诸煮制斋臻栉真震盏战者爪昭争征责侧
　　　蒸邹斟斩

穿母　冲触窗齿叱吹出杵处掣钗龀衬划刹阐穿车抄策尺测称

床母　崇士示实术纾赎豺柴寨潺栈舌唇盾顺船巢蛇射床状绳
　　　乘食愁岑甚

审母　缩双朔师史瑟水书暑束世失晒杀申删扇设舜刷说写锁
　　　稍伤收深

禅母　谁睡逝誓纯辰肾慎遄韶绍邵社成盛石雠受蜀甚十赡涉

（7）牙音

见母　公谷江觉饥归居举改葛傀根巾君干间见官高歌加各果
　　　瓜冈光庚苟久今急

溪母　空哭腔壳欺溪乞屈去曲开渴恢垦侃看悭牵宽考可科课
　　　夸康旷坑卿口钦泣

群母　穷局奇技跪渠巨遽近仅群郡窘乾件健杰拳乔强狂檠竞
　　　剧琼求琴及俭

疑母　颙玉岳疑拟魏危皑艾涯倪诣银嶷岸颜言研元月傲虐我
　　　牙孽瓦仰迎逆牛吟岩严业

（8）喉音

晓母　胸旭牺喜肸挥歇欣昏薰训献宪显嚣花亨

匣母　雄降项巷学系奚亥贤现玄穴纮华滑黄衡行幸核形获熊

影母　雍郁握医一威于乙因温稳氲烟宴鸳冤怨渊腰央汪甇匼
　　　婴淹

喻母　容欲移以逸惟遗于羽余与寅云运匀尹延衍袁沿夜阳王
　　　永荣盐淫

（9）半舌

来母　龙绿离里吏垒黎丽来律沦论辽聊罗落列灵林立

（10）半齿

日母　戎辱而尔二日蕊芮犉闰忍刃然饶扰若惹热让

三十六字母，从发音部位说，分为七音；从发音方法说，分为清浊。现在分别加以论述：

七音

七音是：1.唇音（包括重唇、轻唇）；2.舌音（包括舌头、舌上）；3.齿音（包括齿头、正齿）；4.牙音；5.喉音；6.半舌音；7.半齿音。现在依照语音学原理，对七音加以说明：

（1）唇音

重唇音，今称双唇音。发音时，上唇和下唇接触，突然放开，发出一种爆破的声音，例如：帮[p]、滂[p‘]、並[b]、明[m]。

轻唇音，今称唇齿音。发音时，上齿和下唇轻轻接触，留着一个狭小孔道，让气流摩擦而出，例如非[f]、敷[f‘]、奉[v]、微[ɱ]。[ɱ]是[m]的唇齿化，用上齿接触下唇说[m]，就能得到[ɱ]音。

（2）舌音

舌头音，今称舌尖中音。发音时，舌尖和前齿龈接触，突然放开，发出一种爆破的声音，例如端[t]、透[t‘]、定[d]、泥[n]。

舌上音，今称舌面前爆破音。发音时，舌面和龈腭间接触，突然放开，发出一种爆破的声音，例如知[ȶ]、彻[ȶ‘]、澄[ȡ]、娘[ȵ]。知[ȶ]、彻[ȶ‘]、澄[ȡ]的读音在今天各地方言里都没有保存下来。今福州读为[t][t‘]，与端透定混；今北京读为[tʂ][tʂ‘]，与照穿床混。娘[ȵ]的读音存在于吴方言和其他许多方言里。

（3）齿音

齿头音，今称舌尖前音。发音时，舌尖和齿（门牙）接触。齿头音又分两类：一类是塞擦音，前半是[t]或[d]，后半是[s]或[z]，例如精[ts]、清[ts‘]、从[dz]；另一类是擦音[s]或[z]，例如心[s]、邪[z]。

正齿音,今称舌面前塞擦音和擦音。发音时,舌面和龈腭间接触。正齿音又分两类:一类是塞擦音,前半是[t]或[d],后半是[ɕ]或[ʑ],例如照[tɕ]、穿[tɕʻ]、床[dʑ];另一类是擦音[ɕ]或[ʑ],例如审[ɕ]、禅[ʑ]。

唐代照穿床审禅的发音部位,也就是现代北京话"基"[tɕi]、"欺"[tɕʻi]、"希"[ɕi]等字声母的发音部位。

据后人研究,照穿床审还可以各分两类:照母分为庄[tʃ],章[tɕ];穿母分为初[tʃʻ],昌[tɕʻ];床母分为崇[dʒ],船[dʑ];审母分为生[ʃ],书[ɕ]。不细述。

(4)牙音,今称舌根爆破音。牙,指槽牙(臼齿)。槽牙接近舌根,所以古人把舌根音叫做牙音。发音时,舌根和硬软腭接触,突然放开,发出爆破的声音,例如:见[k]、溪[kʻ]、群[g]、疑[ŋ]。

(5)喉音,今称舌根摩擦音、半元音和元音。舌根摩擦音发音时,也是舌根和硬软腭间接触,但不是突然放开,而是留着一条狭小孔道,让气流摩擦而出,例如晓[x]、匣[ɣ]。半元音也是一种摩擦音,但是摩擦性很轻,带有元音的性质,所以叫做半元音。常见的半元音有[j][w]。喻母就是半元音[j]。此外,还有一种没有声母的字,如"安"[an]、"因"[in]等,我们把这种字叫做零声母,因为这种字是元音开头的字。在守温三十六字母中,零声母叫做影母。

据后人研究,喻母还可以分为两类,即云[ɣ],以[j]。不细述。

(6)半舌音,今称边音,就是国际音标的[l]。发音时,舌尖和前齿龈接触,两边或一边留着孔道,让气流出来,例如来[l]。来母[l]和舌头音端[t]、透[tʻ]、定[d]、泥[n]发音部位相同,只是发音方法不同,所以叫做半舌音。

(7)半齿音,今称舌面闪音。发音时,舌面和龈腭间接触,闪了一闪,立即放开。闪音是颤音的变体。所以仍标为[r],例如日

[r]。这个舌面闪音后来变为舌尖后音（卷舌音），即今普通话的[ʐ]，汉语拼音方案写作[r]是合理的。日母[r]和正齿音照穿床审禅[tɕ、tɕʻ、dʑ、ɕ、ʑ]发音部位相同，只是发音方法不同，所以叫做半齿音。

清浊

音韵学上所谓清浊，是发音方法的问题。清音，今语音学上称为不带音，发音时，声带不颤动。守温字母帮[p]、滂[pʻ]、非[f]、敷[fʻ]、端[t]、透[tʻ]、知[ʈ]、彻[ʈʻ]、精[ts]、清[tsʻ]、心[s]、照[tɕ]、穿[tɕʻ]、审[ɕ]、见[k]、溪[kʻ]、晓[x]、影[○]，十八个都是清音。浊音，今语音学上称为带音，发音时，声带颤动。守温字母並[b]、明[m]、奉[v]、微[ɱ]、定[d]、泥[n]、澄[ɖ]、娘[ɳ]、从[dz]、邪[z]、床[dʑ]、禅[ʑ]、群[g]、疑[ŋ]、匣[ɣ]、喻[j]、来[l]、日[r]，十八个都是浊音。

清音又分为全清、次清；浊音又分为全浊、次浊等①。这和塞音、擦音、送气、不送气都有关系。现在我先讲一讲什么是塞音、擦音、送气、不送气。

塞音发音时，舌部与上腭或双唇接触，突然放开，发出爆破的声音。所以又叫爆破音。守温字母帮[p]、滂[pʻ]、並[b]、明[m]、端[t]、透[tʻ]、定[d]、泥[n]、知[ʈ]、彻[ʈʻ]、澄[ɖ]、娘[ɳ]、见[k]、溪[kʻ]、群[g]、疑[ŋ]都是塞音，又称爆破音②。

擦音发音时不采爆破的方式，而采摩擦的方式，舌部与上腭接触，或唇与齿接触，留着狭小的孔道，让气流摩擦而出。守温字母非[f]、敷[fʻ]、奉[v]、微[ɱ]、心[s]、邪[z]、晓[x]、匣[ɣ]、喻[j]、来[l]、日[r]都是擦音。

---

① 次浊又叫清浊。
② 有些语音学家把鼻音[m n ɳ ŋ]独立出来，不归塞音。但在音韵学上，仍以归塞音为妥。

又有一种塞擦音介于塞音和擦音之间。塞擦音发音时,先塞后擦,这就是说,先把口腔完全塞住,但是不爆破,只是变为狭小的孔道,让气流摩擦而出。守温字母精[ts]、清[ts']、从[dz]、照[tɕ]、穿[tɕ']、床[dʐ]都是塞擦音。在音韵学上,塞擦音被认为与擦音同一类。注意:塞擦音在国际音标虽用两个字母表示,其实只是一个音素。严格地说,应该写成[t͡s]、[t͡s']、[d͡z]、[t͡ɕ]、[t͡ɕ']、[d͡ʐ]等,也有人写成[ʦ][ʣ]等。

送气音发音时,辅音后面不立刻接上元音,有一股气流附在辅音后面。国际音标用[']号表示送气。守温字母滂[p']、敷[f']、透[t']、彻[ʈ']、清[ts']、穿[tɕ'],溪[k']都是送气音。守温字母帮[p]、非[f]、端[t]、知[ʈ]、精[ts]、照[tɕ]、见[k]则是不送气音。守温字母并[b]、奉[v]、定[d]、澄[ɖ]、从[dz]、床[dʐ]、群[g],有人说送气,有人说不送气。我认为这类浊音字的声母送气不送气是互换音位,送气不送气都一样[1],不必加以区别。

依照《韵镜》,参照《四声等子》等书,全清、次清、全浊、次浊如下表:

(1)全清,以不送气为特征:

(甲)塞音不送气:帮[p]、端[t]、知[ʈ]、见[k];

(乙)塞擦音不送气:精[ts]、照[tɕ];

(丙)擦音不送气:非[f]、心[s]、审[ɕ]、晓[x]、影[○]。

(2)次清,以送气为特征:滂[p']、敷[f']、透[t']、彻[ʈ']、清[ts']、穿[tɕ']、溪[k']。

(3)全浊,以带音的塞音、塞擦音、擦音为特征:并[b]、奉[v]、定[d]、澄[ɖ]、从[dz]、邪[z]、床[dʐ]、禅[ʑ]、匣[ɣ]。

(4)次浊,以鼻音、边音、闪音、半元音为特征:明[m]、微[ɱ]、

---

① 今吴方言浊音字也是这样。

泥[n]、娘[ɳ]、疑[ŋ]、喻[j]、来[l]、日[r]。

现代普通话里没有全浊音,现代吴语里则完整地保存着全浊音。下列各组清浊配对的字,现代普通话都读成一个音了,吴语仍读成两个音(前清后浊):

冻洞	众仲	贡共	送颂	臂备
恣自	至治	意异	试事	畏胃
据惧	注住	付附	数树	妒度
帝第	蔽币	世逝	对队	戴代
废吠	镇阵	舜顺	粪愤	酹运
建健	顿钝	旦蛋	汉汗	锻段
转传(传记)	变便	宴演	照召	吊调
要耀	孝效	报暴	灶造	耗号
刹惰	做座	舍射	借藉	帐仗
酱匠	壮状	当(妥当)荡	葬藏(西藏)	敬竞
正郑	圣盛	订定	凳邓	救旧
昼胄	秀袖	兽受	幼右	斗豆
深甚	担淡	厌艳	僭渐	

第三章　韵　部

作诗要押韵。韵母相同的字叫做同韵;韵头不同,主要元音和韵尾相同,也算同韵,例如:

登鹳鹊楼

王之涣

白日依山尽,黄河入海流[liou]。
欲穷千里目,更上一层楼[lou]。

山　行

杜牧

远上寒山石径斜[zia],
白云生处有人家[ka]①。
停车坐爱枫林晚,
霜叶红于二月花[xua]。

古代有韵书,把同韵的字排在一起,就是韵部。古代有四声(详见下章),不同声调的字不算同韵。

现在介绍两部韵书:第一部是《广韵》,第二部是《平水韵》。

《广韵》

---

① "斜"读[zia],"家"读[ka],是依唐代古音。生处,或本作"深处",误。

《广韵》的前身是《唐韵》,《唐韵》的前身是《切韵》。《切韵》是陆法言所著,书成于隋仁寿元年(601)。这是一部权威性的著作,在唐代成为官书。

《广韵》共有206韵,如下表:

(一)上平声①

东第一	冬第二	钟第三
江第四	支第五	脂第六
之第七	微第八	鱼第九
虞第十	模第十一	齐第十二
佳第十三	皆第十四	灰第十五
咍第十六	真第十七	谆第十八
臻第十九	文第二十	欣第二十一
元第二十二	魂第二十三	痕第二十四
寒第二十五	桓第二十六	删第二十七
山第二十八		

(二)下平声

先第一	仙第二	萧第三
宵第四	肴第五	豪第六
歌第七	戈第八	麻第九
阳第十	唐第十一	庚第十二
耕第十三	清第十四	青第十五
蒸第十六	登第十七	尤第十八
侯第十九	幽第二十	侵第二十一
覃第二十二	谈第二十三	盐第二十四
添第二十五	咸第二十六	衔第二十七

---

① 平声字多,分为两卷。"上平声"是平声上卷的意思,下平声"是平声下卷的意思。

严第二十八　　　　凡第二十九

（三）上声

董第一　　　　　　肿第二　　　　　　讲第三

纸第四　　　　　　旨第五　　　　　　止第六

尾第七　　　　　　语第八　　　　　　麌第九

姥第十　　　　　　荠第十一　　　　　蟹第十二

骇第十三　　　　　贿第十四　　　　　海第十五

轸第十六　　　　　准第十七　　　　　吻第十八

隐第十九　　　　　阮第二十　　　　　混第二十一

很第二十二　　　　旱第二十三　　　　缓第二十四

潸第二十五　　　　产第二十六　　　　铣第二十七

狝第二十八　　　　篠第二十九　　　　小第三十

巧第三十一　　　　皓第三十二　　　　哿第三十三

果第三十四　　　　马第三十五　　　　养第三十六

荡第三十七　　　　梗第三十八　　　　耿第三十九

静第四十　　　　　迥第四十一　　　　拯第四十二

等第四十三　　　　有第四十四　　　　厚第四十五

黝第四十六　　　　寝第四十七　　　　感第四十八

敢第四十九　　　　琰第五十　　　　　忝第五十一

豏第五十二　　　　槛第五十三　　　　俨第五十四①

范第五十五

（四）去声

送第一　　　　　　宋第二　　　　　　用第三

绛第四　　　　　　寘第五　　　　　　至第六

志第七　　　　　　未第八　　　　　　御第九

①　今本《广韵》俨第五十二，误。今依故宫本、敦煌本校正。

遇第卜　　　　　暮第十一　　　　　霁第十二

祭第十三　　　　泰第十四　　　　　卦第十五

怪第十六　　　　夬第十七　　　　　队第十八

代第十九　　　　废第二十　　　　　震第二十一

稕第二十二　　　问第二十三　　　　焮第二十四

愿第二十五　　　恩第二十六　　　　恨第二十七

翰第二十八　　　换第二十九　　　　谏第三十

裥第三十一　　　霰第三十二　　　　线第三十三

啸第三十四　　　笑第三十五　　　　效第三十六

号第三十七　　　箇第三十八　　　　过第三十九

祃第四十　　　　漾第四十一　　　　宕第四十二

映第四十三　　　诤第四十四　　　　劲第四十五

径第四十六　　　证第四十七　　　　嶝第四十八

宥第四十九　　　候第五十　　　　　幼第五十一

沁第五十二　　　勘第五十三　　　　阚第五十四

艳第五十五　　　㮇第五十六　　　　陷第五十七

鉴第五十八　　　酽第五十九①　　　梵第六十

（五）入声

屋第一　　　　　沃第二　　　　　　烛第三

觉第四　　　　　质第五　　　　　　术第六

栉第七　　　　　物第八　　　　　　迄第九

月第十　　　　　没第十一　　　　　曷第十二

末第十三　　　　黠第十四　　　　　鎋第十五

屑第十六　　　　薛第十七　　　　　药第十八

铎第十九　　　　陌第二十　　　　　麦第二十一

---

① 今本《广韵》作酽第五十七,误。今依段玉裁改。

昔第二十二	锡第二十三	职第二十四
德第二十五	缉第二十六	合第二十七
盍第二十八	葉第二十九	帖第三十
洽第三十一	狎第三十二	业第三十三
乏第三十四		

《切韵》在很大程度上带有存古的性质,我们研究上古韵部时,此书有很大的参考价值(详见下文第五章)。但是《切韵》不代表唐代的实际韵部;真正代表唐代韵部的,乃是平水韵。

《平水韵》

《切韵》分韵 206 部①,十分繁琐,有些窄韵不能依照来写诗。大约到了唐代,就规定独用同用例。有些韵独用,另有些韵则两三韵同用(即合并使用)。今《广韵》于韵目下注明"独用、同用",大约是唐代就规定了的,因为唐人的律诗都是依照独用、同用的规定来押韵的。

有人认为,同用是由于韵窄,那只是一个原因。更重要的原因是:这样合并才适合唐代的实际语音系统,例如支脂之三韵并不窄,为什么要同用? 就是因为唐代实际语音已不能辨别支脂之。江韵很窄,为什么不并入阳唐? 就是因为唐代语音江韵还是独立的。这样依实际语音规定独用、同用,才是行得通的。

金代有江北平水刘渊著《壬子新刊礼部韵略》(1252),索性把同用的韵合并起来,成为 107 韵。由于刘渊是平水(官名,主收渔税),所以后人把《壬子新刊礼部韵略》称为"平水韵"。在此以前,宋初有《礼部韵略》(1037)。礼部是主管科举的政府部门,所以《礼部韵略》是官书。刘渊的《壬子新刊礼部韵略》对宋初的《礼部韵略》没有什么改动,主要是并韵。又王文郁也著《新刊礼部

---

① 据近人考证,《切韵》原只有 193 韵。《广韵》才有 206 韵。

韵略》,其书在刘书之前(1227),共分106韵。平水韵107韵如下表:

(一)上平声

一东[oŋ]①(《切韵》东) 二冬[uŋ](《切韵》冬钟)

三江[ɔŋ](《切韵》江) 四支[i](《切韵》支脂之)

五微[əi](《切韵》微) 六鱼[o](《切韵》鱼)

七虞[u](《切韵》虞模) 八齐[æi](《切韵》齐)

九佳[ai](《切韵》佳皆) 十灰[ɑi](《切韵》灰哈)

十一真[en](《切韵》真谆臻) 十二文[ən](《切韵》文欣)②

十三元[ɐn](《切韵》元魂痕) 十四寒[ɑn](《切韵》寒桓)

十五删[an](《切韵》删山)

(二)下平声

一先[æn](《切韵》先仙) 二萧[æu](《切韵》萧宵)

三肴[au](《切韵》肴) 四豪[ɑu](《切韵》豪)

五歌[ɑ](《切韵》歌戈) 六麻[a](《切韵》麻)

七阳[ɑŋ](《切韵》阳唐) 八庚[ɐŋ](《切韵》庚耕清)

九青[iŋ](《切韵》青) 十蒸[əŋ](《切韵》蒸登)

十一尤[ou](《切韵》尤侯幽) 十二侵[əm](《切韵》侵)

十三覃[ɑm](《切韵》覃谈) 十四盐[æm](《切韵》盐添)

十五咸[am](《切韵》咸衔严凡)

(三)上声

一董[oŋ](《切韵》董) 二肿[uŋ](《切韵》肿)

三讲[ɔŋ](《切韵》讲) 四纸[i](《切韵》纸旨止)

五尾[əi](《切韵》尾) 六语[o](《切韵》语)

七麌[u](《切韵》麌姥) 八荠[æi](《切韵》荠)

---

① 注音是我的拟测。
② 《广韵》文欣同用,元泰定本注作独用。依段玉裁考证,杜诗以欣真同用。

九蟹［ai］（《切韵》蟹骇）　　　　　十贿［ɑi］（《切韵》贿海）

十一轸［en］（《切韵》轸准）　　　十二吻［ən］（《切韵》吻隐）

十三阮［ɐn］（《切韵》阮混很）　　十四旱［ɑn］（《切韵》旱缓）

十五潸［an］（《切韵》潸产）　　　十六铣［æn］（《切韵》铣狝）

十七篠［æu］（《切韵》篠小）　　　十八巧［au］（《切韵》巧）

十九皓［ɑu］（《切韵》皓）　　　　二十哿［ɑ］（《切韵》哿果）

二十一马［a］（《切韵》马）　　　　二十二养［ɑŋ］（《切韵》养荡）

二十三梗［ɐŋ］（《切韵》梗耿静）

二十四迥［iŋ,əŋ］（《切韵》迥拯等）

二十五有［ou］（《切韵》有厚黝）　二十六寝［əm］（《切韵》寝）

二十七感［ɑm］（《切韵》感敢）　　二十八琰［æm］（《切韵》琰忝俨）

二十九豏［am］（《切韵》豏槛范）

　　（四）去声

一送［oŋ］（《切韵》送）　　　　　二宋［uŋ］（《切韵》宋用）

三绛［ɔŋ］（《切韵》绛）　　　　　四寘［i］（《切韵》寘至志）

五未［əi］（《切韵》未）　　　　　六御［o］（《切韵》御）

七遇［u］（《切韵》遇暮）　　　　　八霁［æi］（《切韵》霁祭）

九泰［ɑi］（《切韵》泰）　　　　　十卦［ai］（《切韵》卦怪夬）

十一队［ɑi］（《切韵》队代废）　　十二震［en］（《切韵》震稕）

十三问［ən］（《切韵》问焮）　　　十四愿［ɐn］（《切韵》愿恩恨）

十五翰［ɑn］（《切韵》翰换）　　　十六谏［an］（《切韵》谏裥）

十七霰［æn］（《切韵》霰线）　　　十八啸［æu］（《切韵》啸笑）

十九效［au］（《切韵》效）　　　　二十号［ɑu］（《切韵》号）

二十一箇［ɑ］（《切韵》箇过）　　二十二祃［a］（《切韵》祃）

二十三漾［ɑŋ］（《切韵》漾宕）　　二十四敬［ɐŋ］（《切韵》映诤劲）

二十五径［iŋ,əŋ］（《切韵》径证嶝）

二十六宥[ou]（《切韵》宥候幼） 二十七沁[əm]（《切韵》沁）

二十八勘[am]（《切韵》勘阚） 二十九艳[æm]（《切韵》艳桥酽）

三十陷[am]（《切韵》陷鉴梵）

　（五）入声

一屋[ok]（《切韵》屋） 二沃[uk]（《切韵》沃烛）

三觉[ɔk]（《切韵》觉） 四质[it]（《切韵》质术栉）

五物[ɐt]（《切韵》物迄） 六月[ɐt]（《切韵》月没）

七曷[ɑt]（《切韵》曷末） 八黠[at]（《切韵》黠鎋）

九屑[æt]（《切韵》屑薛） 十药[ɑk]（《切韵》药铎）

十一陌[ɐk]（《切韵》陌麦昔） 十二锡[ik]（《切韵》锡）

十三职[ək]（《切韵》职德） 十四缉[əp]（《切韵》缉）

十五合[ɑp]（《切韵》合盍） 十六叶[æp]（《切韵》叶帖）

十七洽[ap]（《切韵》洽狎业乏）

　　唐人的律诗（平韵）都是依照平水韵押韵的。当时虽没有平水韵，但已有独用、同用的规定。宋代到清代，诗人写律诗绝句，也都是依照平水韵押韵。现在列举一些唐人律诗的例子：

上平声

一东

秋　兴（其七）

杜甫

昆明池水汉时功[koŋ]，

武帝旌旗在眼中[ȶioŋ]。

织女机丝虚夜月，石鲸鳞甲动秋风[pioŋ]。

波漂菰米沉云黑，露冷莲房坠粉红[ɣoŋ]。

关塞极天惟鸟道，江湖满地一渔翁[oŋ]。

二冬

喜见外弟又言别

李益

十年离乱后,长大一相逢[biuŋ]。
问姓惊初见,称名忆旧容[jiuŋ]。
别来沧海事,语罢暮天钟[tɕiuŋ]。
明日巴陵道,秋山又几重[ȡiuŋ]!

三江

季秋苏五弟缨江楼夜宴(其二)

杜甫

对月那无酒,登楼况有江[kɔŋ]!
听歌惊白鬓,笑舞拓秋窗[tʃʻɔŋ]。
樽蚁添相续,沙鸥并一双[ʃɔŋ]。
尽怜君醉倒,更觉寸心降[ɣɔŋ]。

四支

长沙过贾谊宅

刘长卿

三年谪宦此栖迟[ȡi],
万古惟留楚客悲[pi]。
秋草独寻人去后,寒林空见日斜时[ʑi]。
汉文有道恩犹薄,湘水无情吊岂知[ʈi]?
寂寂江山摇落处,怜君何事到天涯[ŋi]①。

————————

① "涯"字在这里读如"仪"。

五微

秋 兴（其三）

杜甫

千家山郭静朝晖[xiuəi]，

日日江头坐翠微[miuəi]。

信宿渔人还泛泛，清秋燕子故飞飞[piuəi]。

匡衡抗疏功名薄，刘向传经心事违[ɣiuəi]。

同学少年多不贱，五陵车马自轻肥[biuəi]。

六鱼

筹笔驿

李商隐

猿鸟犹疑畏简书[çio]，

风云常为护储胥[sio]。

徒令上将挥神笔，终见降王走传车[kio]。

管乐有才原不忝，关张无命复何如[rio]！

他年锦里经祠庙，梁父吟成恨有余[jio]。

七虞

终南山

王维

太乙近天都[tu]，

连山到海隅[ŋiu]。

白云回望合，青霭入看无[miu]。

分野中峰变，阴晴众壑殊[ʐiu]。

欲投人处宿，隔水问樵夫[pu]。

八齐

钱塘湖春行

白居易

孤山寺北贾亭西[siæi]，
水面初平云脚低[tiæi]。
几处早莺争暖树，谁家新燕啄春泥[niæi]？
乱花渐欲迷人眼，浅草才能没马蹄[diæi]。
最爱湖东行不足，绿杨阴里白沙堤[diæi]。

九佳

遣悲怀

元稹

谢公最小偏怜女，自嫁黔娄百事乖[kuai]。
顾我无衣搜荩箧，泥他沽酒拔金钗[tʃʻai]。
野蔬充膳甘长藿，落叶添薪仰古槐[ɣuai]。
今日俸钱过十万，与君营奠复营斋[tʃai]！

十灰

登　高

杜甫

风急天高猿啸哀[ɑi]，
渚清沙白鸟飞回[ɣuɑi]。
无边落木萧萧下，不尽长江滚滚来[lɑi]。
万里悲秋常作客，百年多病独登台[dɑi]。
艰难苦恨繁霜鬓，潦倒新停浊酒杯[puɑi]。

十一真

和晋陵陆丞早春游望

杜审言

独有宦游人［rien］，

偏惊物候新［sien］。

云霞出海曙，梅柳度江春［tɕʻiuen］。

淑气催黄鸟，晴光转绿蘋［bien］。

忽闻歌古调，归思欲沾巾［kien］。

十二文

春日忆李白

杜甫

白也诗无敌，飘然思不群［giuən］。

清新庾开府，俊逸鲍参军［kiuən］。

渭北春天树，江东日暮云［ɣiuən］。

何时一尊酒，重与细论文［miuən］？

十三元

咏怀古迹（其三）

杜甫

群山万壑赴荆门［muɐn］，

生长明妃尚有村［tsʻuɐn］。

一去紫台连朔漠，独留青冢向黄昏［xuɐn］。

画图省识春风面，环佩空归月夜魂［ɣuɐn］。

千载琵琶作胡语，分明怨恨曲中论［luɐn］。

十四寒

塞下曲

李白

五月天山雪,无花只有寒[ɣɑn]。
笛中闻折柳,春色未曾看[k'ɑn]①。
晓战随金鼓,宵眠抱玉鞍[ɑn]。
愿将腰下剑,直为斩楼兰[lɑn]。

十五删

咏怀古迹(其一)

杜甫

支离东北风尘际,漂泊西南天地间[kan]。
三峡楼台淹日月,五溪衣服共云山[ʃan]。
羯胡事主终无赖,词客哀时且未还[ɣuan]。
庚信生平最萧瑟,暮年诗赋动江关[kuan]。

下平声
一先

锦　瑟

李商隐

锦瑟无端五十弦[ɣiæn],
一弦一柱思华年[niæn]。
庄生晓梦迷蝴蝶,望帝春心托杜鹃[kiuæn]。
沧海月明珠有泪,蓝田日暖玉生烟[iæn]。
此情可待成追忆,只是当时已惘然[riæn]!

---

① 看,音刊。

二萧

塞下曲（其二）

李白

骏马似风飙 [piæu]，
鸣鞭出渭桥 [giæu]。
弯弓辞汉月，插羽破天骄 [kiæu]。
阵解星芒尽，营空海雾消 [siæu]，
功成画麟阁，独有霍嫖姚 [jiæu]。

三肴

堂　成

杜甫

背郭堂成荫白茅 [mau]，
缘江路熟俯青郊 [kau]。
桤林碍日吟风叶，笼竹和烟滴露梢 [ʃau]。
暂止飞乌将数子，频来语燕定新巢 [dʐau]。
旁人错比扬雄宅，懒惰无心作解嘲 [tʃau]。

四豪

咏怀古迹（其五）

杜甫

诸葛大名垂宇宙，宗臣遗像肃清高 [kɑu]。
三分割据纡筹策，万古云霄一羽毛 [mɑu]。
伯仲之间见伊吕，指挥若定失萧曹 [dzɑu]。
运移汉祚终难复，志决身歼军务劳 [lɑu]。

五歌

天末怀李白

杜甫

凉风起天末,君子意如何[ɣɑ]?
鸿雁几时到?江湖秋水多[tɑ]。
文章憎命达,魑魅喜人过[kuɑ]①。
应共冤魂语,投诗赠汨罗[lɑ]!

六麻

隋　宫

李商隐

紫泉宫殿锁烟霞[ɣɑ],
欲取芜城作帝家[kɑ]。
玉玺不缘归日角,锦帆应是到天涯[ŋɑ]。
于今腐草无萤火,终古垂杨有暮鸦[ɑ]。
地下若逢陈后主,岂宜重问后庭花[xuɑ]!

七阳

登柳州城楼寄漳汀封连四州刺史

柳宗元

城上高楼接大荒[xuɑŋ],
海天愁思正茫茫[mɑŋ]。
惊风乱飐芙蓉水,密雨斜侵薜荔墙[dziɑŋ]。
岭树重遮千里目,江流曲似九回肠[diɑŋ]。
共来百越文身地,犹自音书滞一乡[xiɑŋ]。

---

① 过,这里读平声。

八庚

草

白居易

离离原上草,一岁一枯荣[ɣiuɐŋ]。
野火烧不尽,春风吹又生[ʃɐŋ]。
远芳侵古道,晴翠接荒城[ʑiɐŋ]。
又送王孙去,萋萋满别情[dziɐŋ]。

九青

湘灵鼓瑟①

钱起

善鼓云和瑟,常闻帝子灵[liŋ]。
冯夷空自舞,楚客不堪听[tʻiŋ]。
苦调凄金石,清音入杳冥[miŋ]。
苍梧来怨慕,白芷动芳馨[xiŋ]。
流水传潇浦,悲风过洞庭[diŋ]。
曲终人不见,江上数峰青[tsʻiŋ]。

十蒸

北青萝

李商隐

残阳西入崦,茅屋访孤僧[səŋ]。
落叶人何在? 寒云路几层[dzəŋ]?
独敲初夜磬,闲倚一枝藤[dəŋ]。
世界微尘里,吾宁爱与憎[tsəŋ]!

---

① 　这是一首五言长律,共十二句。

十一尤

渡荆门送别

李白

渡远荆门外,来从楚国游[jiou]。
山随平野尽,江入大荒流[liou]。
月下飞天镜,云生结海楼[lou]。
仍怜故乡水,万里送行舟[tɕiou]。

十二侵

春　望

杜甫

国破山河在,城春草木深[ɕiəm]。
感时花溅泪,恨别鸟惊心[siəm]。
烽火连三月,家书抵万金[kiəm]。
白头搔更短,浑欲不胜簪[tʃiəm]!

十三覃

朝

杜甫

清旭楚宫南[nɑm],
霜空万岭含[ɣɑm]。
野人时独往,云木晓相参[ts'ɑm]。
俊鹘无声过,饥乌下食贪[t'ɑm]。
病身终不动,摇落任江潭[dɑm]。

十四盐

入宅(其一)

杜甫

奔峭背赤甲,断崖当白盐[jiæm]。
客居愧迁次,春酒渐多添[t‘iæm]。
花亚欲移竹,鸟窥新卷帘[liæm]。
衰年不敢恨,胜概欲相兼[kiæm]。

十五咸

送孙逸归庐山

刘长卿

炉峰绝顶楚云衔[ɣam],
楚客东归栖此岩[ŋam]。
彭蠡湖边香橘柚,浔阳郭外暗枫杉[ʃam]。
青山不断三湘道,飞鸟空随万里帆[bam]。
常爱此山多胜事,新诗他日伫开缄[kam]。

今人读唐诗时,常常觉得不押韵,这是由于以今音读古诗的缘故。如果用唐代古音读唐诗,就会觉得处处押韵了。我们不要求读唐诗的人必须用唐代古音去读,但是要明白这个道理。

第四章　四　声

　　古代汉语有四个声调，即：（一）平声；（二）上声；（三）去声；（四）入声。其实可以分为两大类：第一类是舒声，包括平、上、去三声，其收尾为［a、o、e、i、u、y、n、ŋ、m］等。现代北京话的韵母都是舒声（只缺乏以 m 收尾的韵母）；第二类是促声，即入声，其收尾为［k、t、p］，现代吴语入声的收尾为［ʔ］，这是［k、t、p］的合流。现代北京话没有入声，古入声字分别转入平、上、去声。

　　声调的性质是音高决定的。语音的高低升降或不升不降，形成了各种声调的差别，例如，北京的阴平是个高平调，阳平是个中升调，上声是个低升调，去声是个高降调。济南的阴平是个低升调或低平调，阳平是个中降调，上声是个高平调，去声是个中降调。各地方言，调类可以相同，但是调值不同。不要误会，以为济南人把上声说成阴平，把阴平说成上声。

　　在传统音韵学里，入声是和鼻音韵尾［ŋ、n、m］相配的。［-ŋ］的入声是［-k］，因为［ŋ］［k］都是舌根音；［-n］的入声是［-t］，因为［n］［t］都是舌尖音；［-m］的入声是［-p］，因为［m］［p］都是唇音。平水韵平声和入声相配如下表：

平声	上声	去声	入声
东［oŋ］	董［oŋ］	送［oŋ］	屋［ok］
冬［uŋ］	肿［uŋ］	宋［uŋ］	沃［uk］

平声	上声	去声	入声
江[ɔŋ]	讲[ɔŋ]	绛[ɔŋ]	觉[ɔk]
真[en]	轸[en]	震[en]	质[et]
文[ne]	吻[ne]	问[ne]	物[ət]
元[ɐŋ]	阮[ɐŋ]	愿[ɐŋ]	月[ɐt]
寒[ɑn]	旱[ɑn]	翰[ɑn]	曷[ɑt]
删[an]	潸[an]	谏[an]	黠[at]
先[æn]	铣[æn]	霰[æn]	屑[æt]
阳[ɑŋ]	养[ɑŋ]	漾[ɑŋ]	药[ɑk]
庚[ɐŋ]	梗[ɐŋ]	映[ɐŋ]	陌[ɐk]
青[iŋ]	迥[iŋ]	径[iŋ]	锡[ik]
蒸[ŋə]	拯[əŋ]①	证[əŋ]	职[ək]
侵[əm]	寝[əm]	沁[əm]	缉[əp]
覃[am]	感[am]	勘[am]	合[ap]
盐[æm]	琰[æm]	艳[æm]	葉[æp]
咸[am]	豏[am]	陷[am]	洽[ap]

从上表可以看出,入声配平声,必须主要元音相同,只是韵尾不同。

调四声法

传统音韵学有调四声法,就是把同音不同调的四个字依平、上、去入的顺序反复练习,直到能辨别四声为止②。特别要注意入声[-k、-t、-p]配平、上、去声[-ŋ、-n、-m],例如:

平声	上声	去声	入声
空[kʻoŋ]	孔[kʻoŋ]	控[kʻoŋ]	哭[kʻok]
钟[tɕiuŋ]	肿[tɕiuŋ]	种[tɕiuŋ]	烛[tɕiuk]

---

① 拯韵字少,《平水韵》并入迥韵。

② 没有入声的地方(如北京)可以把入声字读得短促些。

平声	上声	去声	入声
江[kɔŋ]	讲[kɔŋ]	绛[kɔŋ]	觉[kɔk]
真[tɕien]	轸[tɕien]	震[tɕien]	质[tɕiet]
分[fiuən]	粉[fiuən]	粪[fiuən]	弗[fiuət]
村[ts'uɐn]	忖[ts'uɐn]	寸[ts'uɐn]	猝[ts'uɐt]
兰[lan]	懒[lan]	烂[lan]	辣[lat]
间[kan]	简[kan]	谏[kan]	戛[kat]
天[t'iæn]	腆[t'iæn]	瑱[t'iæn]	铁[t'iæt]
穰[riaŋ]	壤[riaŋ]	让[riaŋ]	若[riak]
庚[kɐŋ]	梗[kɐŋ]	更[kɐŋ]	格[kɐk]
丁[tiŋ]	顶[tiŋ]	订[tiŋ]	的[tik]
蒸[tɕiəŋ]	拯[tɕiəŋ]	证[tɕiəŋ]	职[tɕiək]
金[kiəm]	锦[kiəm]	禁[kiəm]	急[kiəp]
耽[tam]	胆[tam]	担[tam]	答[tap]
淹[iæm]	奄[iæm]	厌[iæm]	魇[iæp]
监[kam]	减[kam]	鉴[kam]	甲[kap]

现在举一些唐诗例证：

（一）平声韵

咏　史

卢照邻

昔有平陵男,姓朱名阿游[jiou]。

直发上冲冠,壮气横三秋[ts'iou]。

愿得斩马剑,先斩佞臣头[dou]。

天子玉槛折,将军丹血流[liou]。

捐生不肯拜,视死其若休[xiou]。

归来教乡里,童蒙远相求[giou]。

弟子数百人,散在十二州[tɕiou]。

三公不敢吏,五鹿岂能酬[ʑiou]?

名与日月悬,义与天壤俦[ʑiou]。

何必疲执戟,区区在封侯[ɣou]!

伟哉旷达士,知命故不忧[iou]。

(十一尤)

寒地百姓吟

孟郊

无火炙地眠,半夜皆立号[ɣau]①。

冷箭何处来? 棘针风骚骚[sau]。

霜吹破四壁,苦痛不可逃[dau]。

高堂捶钟饮,到晓闻烹炮[bau]②。

寒者愿为蛾,烧死彼华膏[kau]。

华膏隔仙罗,虚绕千万遭[tsau]。

到头落地死,踏地为游遨[ŋau]。

游遨者是谁? 君子为郁陶[dau]!

(四豪)

观刈麦

白居易

田家少闲月,五月人倍忙[maŋ]。

夜来南风起,小麦覆陇黄[ɣuaŋ]。

妇姑荷箪食,童稚携壶浆[tsiaŋ]。

---

① 号,平声,读如"豪"。

② 炮,平声,读如"庖"。

相随饷田去,丁壮在南冈[kaŋ]。

足蒸暑土气,背灼炎天光[kuaŋ]。

力尽不知热,但惜夏日长[ȡiaŋ]。

复有贫妇人,抱子在其旁[baŋ]。

右手秉遗穗,左臂悬敝筐[kʻiuaŋ]。

听其相顾言,闻者为悲伤[ɕiaŋ]。

田家输税尽,拾此充饥肠[ȡiaŋ]。

今我何功德? 曾不事农桑[saŋ]。

吏禄三百石,岁晏有余粮[liaŋ]。

念此私自愧,尽日不能忘[miuaŋ]①!

（七阳）

（二）上声韵

同从弟销南斋玩月忆山阴崔少府

王昌龄

高卧南斋时,开帷月初吐[tʻu]②。

清辉淡水木,演漾在窗户[ɣu]③。

苒苒几盈虚,澄澄变今古[ku]。

美人清江畔,是夜越吟苦[kʻu]。

千里其如何? 微风吹兰杜[du]④。

（七麌）

---

① 忘,平声,读如"亡"。
② 吐,上声,读如"土"。
③ 户,上声。
④ 杜,上声。

古风(其十一)

李白

胡关饶风沙,萧索竟终古[ku]!

木落秋草黄,登高望戎虏[lu]。

荒城空大漠,边邑无遗堵[tu]。

白骨横千霜,嵯峨蔽榛莽[mu]①。

借问谁凌虐? 天骄毒威武[miu]。

赫怒我圣皇,劳师事鼙鼓[ku]。

阳和变杀气,发卒骚中土[t'u]。

三十六万人,哀哀泪如雨[ɣiu]。

且悲就行役,安得营农圃[pu]?

不见征戍儿,岂知关山苦[k'u]?

李牧今不在,边人饲豺虎[xu]。

(七麌)

观田家

韦应物

微雨众卉新,一雷惊蛰始[çi]。

田家几日闲? 耕种从此起[k'i]。

丁壮俱在野,场圃亦就理[li]。

归来景常晏,饮犊西涧水[çiui]。

饥劬不自苦,膏泽且为喜[xi]。

仓廪无宿储,徭役犹未已[ji]。

方惭不耕者,禄食出闾里[li]!

(四纸)

---

① 莽,读如"姥"。

营州歌

高适

营州少年厌原野[jia]，
狐裘蒙茸猎城下[ɣa]①。
虏酒千钟不醉人，
胡儿十岁能骑马[ma]。

（二十一马）

望　岳

杜甫

岱宗夫如何？齐鲁青未了[liæu]。
造化钟神秀，阴阳割昏晓[xiæu]。
荡胸生层云，决眦入归鸟[tiæu]。
会当临绝顶，一览群山小[siæu]。

（十七篠）

（三）去声韵

宿来公山房期丁大不至

孟浩然

夕阳度西岭，群壑倏已暝[miŋ]。
松月生夜凉，风泉满清听[t'iŋ]。
樵人归欲尽，烟鸟栖初定[diŋ]。
之子期宿来，孤琴候萝径[kiŋ]。

（二十五径）

---

① 下，读上声。

听弹风入松阕赠杨补阙

王昌龄

商风入我弦，夜竹深有露[lu]。
弦悲与林寂，清景不可度[du]。
寥落幽居心，飕飕青松树[ʑiu]。
松风吹草白，溪水寒日暮[mu]。
声意去复还，九变待一顾[ku]。
空山多雨雪，独立君始悟[ŋu]。

（七遇）

钓鱼湾

储光羲

垂钓绿湾春，春深杏花乱[luɑn]。
潭清疑水浅，荷动知鱼散[sɑn]。
日暮待情人，维舟绿杨岸[ŋɑn]。

（十五翰）

西 山

常建

一身为轻舟，落日西山际[tsiæi]。
当随去帆影，远接长天势[ɕiæi]。
物象归余清，林峦分夕丽[liæi]。
亭亭碧流暗，日入孤霞继[kiæi]。
渚日远阴映，湖云尚明霁[tsiæi]。
林昏楚色来，岸远荆门闭[piæi]。
至夜转清迥，萧萧北风厉[liæi]。
沙边雁鹭泊，宿处蒹葭蔽[piæi]。
圆月逗前浦，孤琴又摇曳[jiæi]。

泠然夜遂深,白露沾人袂[miæi]。

(八霁)

古　风(其五)

李白

齐有倜傥生,鲁连特高妙[miæu]。
明月出海底,一朝开光曜[jiæu]。
却秦振英声,后世仰末照[tɕiæu]。
意轻千金赠,顾向平原笑[siæu]。
吾亦澹荡人,拂衣可同调[diæu]。

(十八啸)

梦李白(其二)

杜甫

浮云终日行,游子久不至[tɕi]。
三夜频梦君,情亲见君意[i]。
告归常局促,苦道来不易[ji]。
江湖多风波,舟楫恐失坠[ɖiui]。
出门搔白首,若负平生志[tɕi]。
冠盖满京华,斯人独憔悴[dziui]。
孰云网恢恢? 将老身反累[liui]!
千秋万岁名,寂寞身后事[dʐi]!

(四寘)

(四)入声韵

感　遇(其一)

张九龄

兰叶春葳蕤,桂华秋皎洁[kiæt]。
欣欣此生意,自尔为佳节[tsiæt]。

谁知林栖者,闻风坐相悦[jiuæt]！
草木本无心,何求美人折[tɕiæt]？

（九屑）

齐州送祖三

王维

相逢方一笑,相送还成泣[kʻiəp]。
祖帐已伤离,荒城复愁入[riəp]。
天寒远山净,日暮长河急[kiəp]！
解缆君已遥,望君犹伫立[liəp]。

（十四缉）

宿郑州

王维

朝与周人辞,暮投郑人宿[siok]。
他乡绝俦侣,孤客亲僮仆[bok]。
宛洛望不见,秋霖晦平陆[liok]。
田父草际归,村童雨中牧[miok]。
主人东皋上,时稼绕茅屋[ok]。
虫思机杼悲,雀喧禾黍熟[ʑiok]。
明当渡京水,昨晚犹金谷[kok]。
此去欲何言？ 穷途徇微禄[lok]！

（一屋）

田家杂兴(其三)

储光羲

平生养情性,不复计忧乐[lɑk]。
去家行卖畚,留滞南阳郭[kuɑk]。
秋至黍苗黄,无人可刈获[ɣuɑk]。

孺子朝未饭,把竿逐鸟雀[tsiɑk]。

忽见梁将军,乘车出宛洛[lɑk]。

意气轶道路,光辉满墟落[lɑk]。

安知负薪者,咥咥笑轻薄[bɑk]!

(十药)

古　风(其十五)

李白

桃花开东园,含笑夸白日[riet]。

偶蒙春风荣,生此艳阳质[tɕiet]。

岂无佳人色? 但恐花不实[dʑiet]。

宛转龙火飞,零落早相失[ɕiet]。

讵知南山松,独立自萧瑟[ʃiet]!

(四质)

梦李白(其一)

杜甫

死别已吞声,生别常恻恻[tʃ'iək]!

江南瘴疠地,逐客无消息[siək]。

故人入我梦,明我长相忆[iək]。

恐非平生魂,路远不可测[tʃ'iək]。

魂来枫林青,魂返关塞黑[xək],

君今在罗网,何以有羽翼[jiək]?

落月满屋梁,犹疑照颜色[ʃiək]。

水深波浪阔,无使蛟龙得[tək]!

(十三职)

平仄

唐代诗人把四声分为两类:(一)平声;(二)仄声。仄声包括上、去、入三声。

唐代律诗是讲究平仄的。它用平仄的交替形成律诗的格律。现在把最常见的七言律诗(简称七律)的两种主要的平仄列举如下:

(一)仄起式

㊣仄平平仄仄平,㊤平㊣仄仄平平①。

㊤平㊣仄平平仄,㊣仄平平仄仄平。

㊣仄㊤平平仄仄,㊤平㊣仄仄平平。

㊤平㊣仄平平仄,㊣仄平平仄仄平。

(二)平起式

㊤平㊣仄仄平平,㊣仄平平仄仄平。

㊣仄㊤平平仄仄,㊤平㊣仄仄平平。

㊤平㊣仄平平仄,㊣仄平平仄仄平。

㊣仄㊤平平仄仄,㊤平㊣仄仄平平。

现在举一些唐诗例证:

(一)仄起式

自河南经乱

白居易

自河南经乱,关内阻饥,兄弟离散,各在一处。因望月有感,聊书所怀,寄上浮梁大兄、于潜七兄、乌江十五兄,兼示符离及下邽弟妹。

时难年荒世业空,弟兄羁旅各西东。

㊣仄平平仄仄平,㊤平㊣仄仄平平。

平去平平去入平,上平平上入平平。

---

① 字外加圈,表示可平可仄。

田园寥落干戈后,骨肉流离道路中。
㊉平仄仄平平仄,仄仄平平仄仄平。

平平平入平平上,入入平平上去平。
吊影分为千里雁,辞根散作九秋蓬。
仄仄㊉平平仄仄,㊉平仄仄仄平平。

去上平平平上去,平平去入上平平。
共看明月应垂泪,一夜乡心五处同。
㊉平仄仄平平仄,仄仄平平仄仄平。

去平平入平平去,入去平平上去平。

无　题

李商隐

来是空言去绝踪,月斜楼上五更钟。
仄仄平平仄仄平,㊉平仄仄仄平平。

平上平平去入平,入平平去上平平。
梦为远别啼难唤,书被催成墨未浓。
㊉平仄仄平平仄,仄仄平平仄仄平。

去平上入平平去,平去平平入去平。
蜡照半笼金翡翠,麝熏微度绣芙蓉
仄仄㊉平平仄仄,㊉平仄仄仄平平。

入去去平平上去,去平平去去平平。
刘郎已恨蓬山远,更隔蓬山一万重!
㊉平仄仄平平仄,仄仄平平仄仄平。

平平上去平平上,去入平平入去平。

(二)平起式

望蓟门

祖咏

燕台一去客心惊,笳鼓喧喧汉将营。

㊉平㊁仄仄平平,㊁仄平平仄仄平。

平平入去入平平,平上平平去去平。

万里寒光生积雪,三边曙色动危旌。

㊁仄㊉平平仄仄,㊉平㊁仄仄平平。

去上平平平入入,平平去入上平平。

沙场烽火侵胡月,海畔云山拥蓟城。

㊉平㊁仄平平仄,㊉仄平平仄仄平。

平平平上平平入,上去平平上去平。

少小虽非投笔吏,论功还欲请长缨。

㊁仄㊉平平仄仄,㊉平㊁仄仄平平。

去上平平平入去,平平平入上平平。

又呈吴郎

杜甫

堂前扑枣任西邻,无食无儿一妇人。

㊉平㊁仄仄平平,㊁仄平平仄仄平。

平平入上去平平,平入平平入上平。

不为困穷宁有此?只缘恐惧转须亲。

㊁仄㊉平平仄仄,㊉平㊁仄仄平平。

入去去平平上上,平平上去上平平。

即防远客虽多事,便插疏篱却甚真。

Ⓟ 平Ⓧ 仄平平仄,Ⓧ 仄平平仄仄平。

入平上入平平去,去入平平入去平。

已诉征求贫到骨,正思戎马泪盈巾。

Ⓧ 仄Ⓟ 平平仄仄,Ⓟ 平Ⓧ 仄仄平平。

上去平平平去入,去平平上去平平。

入声转入平上去三声

在元代周德清所著的《中原音韵》里,入声字已经转入了平、上、去三声。其转化的规律是:

(1)清音入声转为上声,例如:

　　福曲竹桌一匹笔秃七出铁说歇削切各托拍尺即织责急接
　　得即职却识惜百法

(2)全浊入声转为阳平,例如:

　　读局俗白杂舌食服宅合浊杰佚着极

(3)次浊入声转为去声,例如:

　　玉木绿辱肉栗日物律列热劣欲逸密匿孽悦月葉聶岳虐落

今北京话于入声字,仍然是全浊转为阳平,次浊转为去声。至于清音入声字则颇乱,分别转为阴平、阳平、上声、去声,例如:

(1)转为阴平者:

　　曲秃桌一七出说歇削切托拍接惜织发

(2)转为阳平者:

　　福竹即职识责得急

(3)转为上声者:

　　匹笔铁尺百法

(4)转为去声者:

　　各却发壁辟触

阴调类和阳调类

受清浊音的影响,有些方言四声各分两类,即阴平、阳平、阴上、阳上、阴去、阳去、阴入、阳入。这样,调四声法就有两种,即阴调类调四声法和阳调类调四声法,例如:

	平	上	去	入
阴调类	通	侗	痛	秃
	[t'oŋ]	[t'oŋ]	[t'oŋ]	[t'ok]
	同	动	洞	独
阳调类	[doŋ]	[doŋ]	[doŋ]	[dok]
阴调类	分	粉	粪	弗
	[fiuən]	[fiuən]	[fiuən]	[fiuət]
	汾	愤	分①	佛
阳调类	[viuən]	[viuən]	[viuən]	[viuət]
阴调类	湍	疃	彖	脱
	[t'uan]	[t'uan]	[t'uan]	[t'uat]
	团	断	段	夺
阳调类	[duan]	[duan]	[duan]	[duat]
阴调类	天	腆	瑱	铁
	[t'iæn]	[t'iæn]	[t'iæn]	[t'iæt]
	田	殄	电	耋
阳调类	[diæn]	[diæn]	[diæn]	[diæt]
阴调类	商	赏	饷	烁
	[ɕiaŋ]	[ɕiaŋ]	[ɕiaŋ]	[ɕiak]
	常	上	尚	勺
阳调类	[ʑiaŋ]	[ʑiaŋ]	[ʑiaŋ]	[ʑiak]

---

① 分,去声,名分。

	平	上	去	入
阴调类	清	请	凊	碛
	[ts'ɐi]	[ts'iɐi]	[ts'iɐi]	[ts'iɐk]
	情	静	净	籍
阳调类	[dziɐi]	[dziɐi]	[dziɐi]	[dziɐk]
阴调类	丁	顶	订	的
	[tiŋ]	[tiŋ]	[tiŋ]	[tik]
	庭	挺	定	敌
阳调类	[diŋ]	[diŋ]	[diŋ]	[dik]
阴调类	贪	毯	探	榻
	[t'am]	[t'am]	[t'am]	[t'ap]
	谈	啖	醰	沓
阳调类	[dam]	[dam]	[dam]	[dap]
阴调类	淹	奄	厌	魇
	[iæm]	[iæm]	[iæm]	[iæp]
	盐	琰	艳	葉
阳调类	[jiæm]	[jiæm]	[jiæm]	[jiæp]

阴阳调类共有八个声调,但某些方言只有七个声调,即阳上并入阳去,如苏州话;某些方言只有六个声调,上、去两声不分阴阳,如梅县话;某些方言只有五个声调,即阴平、阳平、上声、去声、入声,如南京话;多数地区(华北、东北、西南)则只有四个声调,即平声分阴阳,入声消失了①。

---

① 华北、西南有少数地方有入声,是例外。

第五章 古 韵

　　这里所谓古韵,指的是先秦古韵。

　　语言是随着历史的发展而发展的,古音不同于今音。古人不懂得语言的历史发展的道理,汉代以后的文人读《诗经》《楚辞》,觉得许多地方不押韵,于是有叶音之说。所谓叶音,就是临时改读,以求押韵。朱熹的《诗集传》,注为叶音的地方很多。同是一个"家"字,在《诗经·周南·桃夭》里:"桃之夭夭,灼灼其华;之子于归,宜其室家。""家"与"华"押,符合宋音,朱熹未注叶音。在《诗经·豳风·鸱鸮》里:"予手拮据,予所捋荼,予所蓄租,予口卒瘏,曰予未有室家。""家"与"据荼租瘏"押,不合宋音,朱熹注云"叶古胡反",读"家"如"姑"。又在《诗经·小雅·我行其野》里:"我行其野,蔽芾其樗;昏姻之故,言就尔居;尔不我畜,复我邦家。""家"与"樗居"押,也不合宋音。朱熹注云"叶古胡反",又读"家"如"姑"。又在《诗经·召南·行露》第二章里:"谁谓雀无角?何以穿我屋?谁谓女无家?何以速我狱?"朱熹以为"家"与"角屋狱"押,于"角"下注云"叶卢谷反",于"家"下注云"叶音谷"。在同诗第三章里:"谁谓鼠无牙,何以穿我墉?谁谓女无家?何以速我讼?"朱熹以为"家"与"牙墉讼"押,于"牙"下注云"叶五红反",于"家"下注云"叶谷空反"(即叶音公),于"讼"下注云"叶祥容反"。一个"家"字有四种读音([ka、ku、kok、koŋ]),而意义不变,这样任意改读,决无此理! 依今人研究,"家"字在先秦时代,无论在哪一首诗里,都是读[kea]。上文所举,"据"字读[kia],"荼"字读[da],"租"字读[tsa],"瘏"字读[da],"樗"字读[ȶʻia],"居"字读[kia],自然押韵,何必叶音? 至于《召南·行露》两个"家"字在单句,不是韵脚,说"家"与"角屋狱"押韵,又与"墉讼"押韵,更是荒唐了!

明末陈第著《毛诗古音考》,大破叶音之说。他说:"时有古今,地有南北,字有更革,音有转移,亦势所必至。"这样鲜明的历史观点,就孕育了有清一代的古音学。

清代古韵学家有顾炎武、江永、戴震、段玉裁、孔广森、王念孙、江有诰、章炳麟、黄侃等①。顾氏分古韵十部,江永分为十三部,戴氏分为九类二十五部,段氏分为十七部,孔广森分为十八部,王念孙、江有诰各分为二十一部(二人不尽相同),章炳麟分为二十三部,黄侃分为二十八部。越分越精密了。王力考定《诗经》时代古韵二十九部,《楚辞》时代古韵三十部,如下表:

阴声	入声	阳声
之部[ə]	职部[ək]	蒸部[əŋ]
支部[e]	锡部[ek]	耕部[eŋ]
鱼部[a]	铎部[ak]	阳部[aŋ]
侯部[ɔ]	屋部[ɔk]	东部[ɔŋ]
宵部[o]	沃部[ok]	
幽部[u]	觉部[uk]	冬部*[uŋ]②
微部[əi]	物部[ət]	文部[ən]
脂部[ei]	质部[et]	真部[en]
歌部[ai]	月部[at]	元部[an]
	缉部[əp]	侵部[əm]

---

① 章、黄是民国时代的人,但他们是继承清代古韵学的。

② 冬部是战国时代的韵部,从侵部分出。

盍部[ap]　　谈部[am]

现在举一些《诗经》例证：

(1)之部[ə]

卫风·氓(一章)

氓之蚩蚩[tɕʻiə]①，

抱布贸丝[siə]。

匪来贸丝[siə]，

来即我谋[miuə]。

送子涉淇[giə]，

至于顿丘[kʻiuə]。

匪我愆期[giə]，

子无良媒[muə]。

将子无怒,秋以为期[giə]。

(2)支部[e]

小雅·何人斯(七章)

伯氏吹埙,仲氏吹篪[die]②。

及尔如贯,谅不我知[tie]③。

出此三物,以诅尔斯[sie]。

(3)鱼部[a]

豳风·七月(五章)

五月斯螽动股[ka]，

---

① "蚩"是穿母字,先秦读[tɕʻ]。

② 篪,澄母字,先秦读[d]。

③ 知,知母字,先秦读[t]。

六月莎鸡振羽[ɣi̯ua],

七月在野[ʎi̯a]①,

八月在宇[ɣi̯ua],

九月在户[ɣa],

十月蟋蟀入我床下[ɣea]。

（4）侯部[ɔ]

唐风·绸缪（二章）

绸缪束刍[tʃʻi̯ɔ],

三星在隅[ŋi̯ɔ]。

今夕何夕？见此邂逅[ɣɔ]！

子兮子兮！如此邂逅[ɣɔ]何！

（5）宵部[o]

卫风·硕人（四章）

硕人敖敖[ŋo],

说于农郊[keo]。

四牡有骄[ki̯o]。

朱幩镳镳[pi̯o]。

翟茀以朝[di̯o]。

大夫夙退,无使君劳[lo]

（6）幽部[u]

---

① [ʎ]是舌面前的边音[l]。

秦风·无衣（一章）

岂曰无衣？与子同袍[bu]。

王于兴师,修我戈矛[mi̯u],

与子同仇[gi̯u]！

（7）微部[əi]

小雅·谷风（二章）

习习谷风,维风及颓[duəi]。

将恐将惧,真予于怀[ɣoəi]。

将安将乐,弃予如遗[ʎi̯uəi]！

（8）脂部[ei]

邶风·泉水（二章）

出宿于泲①[tsiei],

饮饯于祢[niei]。

女子有行,远父母兄弟[diei]。

问我诸姑,遂及伯姊[tsi̯ei]。

（9）歌部[ai]

豳风·东山（四章）

……

亲结其缡[li̯ai],

九十其仪[ŋi̯ai]。

其新孔嘉[keai],

---

① 泲,同"济"。

其旧如之何[ɣai]！

（10）职部[ək]

周南·关雎(三章)

……

求之不得[tək]，

寤寐思服[bi̯uək]。

悠哉悠哉！辗转反侧[tʃi̯ək]。

（11）锡部[ek]

鄘风·君子偕老(二章)

玼兮玼兮,其之翟[diek]也。

鬒发如云,不屑髢[diek]也。

玉之瑱也,象之揥[t'i̯ek]也。

扬且之皙[siek]也。

胡然而天也,胡然而帝[tiek]也！

（12）铎部[ak]

周南·葛覃(二章)

……

维叶莫莫[mak]，

是刈是濩[ɣuak]。

为𫄨为绤[k'i̯ak]，

服之无斁[ʎi̯ak]。

（13）屋部[ɔk]

魏风·汾沮洳（三章）

彼汾一曲[k'iɔk]，

言采其藚[ziɔk]。

彼其之子,美如玉[ŋiɔk]。

美如玉[ŋiɔk]，

殊异乎公族[dzɔk]。

（14）沃部[ok]

大雅·桑柔（五章）

为谋为毖,乱况斯削[siok]。

告尔忧恤,诲尔序爵[tsiok]。

谁能执热,逝不以濯[deok]！

其何能淑? 载胥及溺[niok]！

（15）觉部[uk]

小雅·小明（三章）

昔我往矣,日月方奥[iuk]；

曷云其还,政事愈蹙[tsiuk]！

岁聿云莫,采萧获菽[ɕiuk]。

心之忧矣,自诒伊戚[ts'iuk]！

念彼共人,兴言出宿[siuk]。

岂不怀归? 畏此反覆[p'iuk]！

（16）物部［ət］

大雅·桑柔（十二章）

大风有隧［zi̯uət］，

贪人败类［li̯uət］。

听言则对［tuət］，

诵言如醉［tsi̯uət］。

匪用其良，覆俾我悖［buət］。

（17）质部［et］

周颂·良耜

获之挃挃［ti̯et］，

积之栗栗［li̯et］。

其崇如墉，其比如栉［tʃet］。

以开百室［ɕi̯et］。

（18）月部［at］

鲁颂·闳宫（五章）

俾尔昌而大［dat］，

俾尔耆而艾［ŋat］。

万有千岁［si̯uat］，

眉寿而无害［ɣat］。

（19）缉部［əp］

王风·中谷有蓷（三章）

中谷有蓷，暵其湿［ɕi̯əp］矣；

有女仳离，啜其泣［kʻi̯əp］矣。

啜其泣[k'ɪəp]矣，
何嗟及[gɪəp]矣！

(20)盇部[ap]
卫风·芄兰(二章)
芄兰之叶[ʎiap]，
童子佩韘[ɕiap]。
虽则佩韘[ɕiap]，
能不我甲[keap]。

(21)蒸部[əŋ]
小雅·无羊(三章)
尔牧来思，以薪以蒸[tɪəŋ]，
以雌以雄[ɣiuəŋ]。
尔羊来思，矜矜兢兢[kiəŋ]，
不骞不崩[pəŋ]。
麾之以肱[kuəŋ]，
毕来既升[ɕiəŋ]。

(22)耕部[eŋ]
小雅·节南山(六章)
不吊昊天，乱靡有定[dieŋ]。
式月斯生[ʃeŋ]，
俾民不宁[nieŋ]。
忧心如酲[dieŋ]。
谁秉国成[ʑieŋ]?

不自为政[ȶieŋ]，
卒劳百姓[sieŋ]！

(23)阳部[aŋ]

大雅·公刘（一章）

笃公刘，匪居匪康[kʻaŋ]，
乃场乃疆[kiaŋ]，
乃积乃仓[tsʻaŋ]，
乃裹糇粮[liaŋ]，
于橐于囊[naŋ]。
思辑用光[kuaŋ]。
弓矢斯张[ȶiaŋ]，
干戈戚扬[ʎiaŋ]，
爰方启行[ɣeaŋ]。

(24)东部[ɔŋ]

王风·兔爰（三章）

有兔爰爰，雉离于罿[ȶʻiɔŋ]。
我生之初，尚无庸[ʎiɔŋ]；
我生之后，逢此百凶[xiɔŋ]。
尚寐无聪[tsʻɔŋ]！

(25)冬部[uŋ]①

———————

① 春秋时代侵冬同部，但冬部已有独立的迹象。这里依孔广森分出冬部。

小雅·出车(五章)

嘤嘤草虫[dı̯uŋ],

趯趯阜螽[tʰı̯uŋ]。

未见君子,忧心忡忡[tʻı̯uŋ]。

既见君子,我心则降[ɣeuŋ]。

赫赫南仲,薄伐西戎[n̡ı̯uŋ]。

(26)文部[ən]

魏风·伐檀(三章)

坎坎伐轮[lı̯uən]兮,

寘之河之漘[ȡı̯uən]兮。

河水清且沦[lı̯uən]兮。

不稼不穑,胡取禾三百囷[kʻı̯uən]兮;

不狩不猎,胡瞻尔庭有县鹑[ʑı̯uən]兮!

彼君子兮,不素飧[suən]兮!

(27)真部[en]

大雅·行苇(三章)

敦弓既坚[kien],

四鍭既钧[kı̯uen],

舍矢既均[kı̯uen],

序宾以贤[ɣjen]。

(28)元部[an]

大雅·板(一章)

上帝板板[pean],

下民卒瘅[tan]。

出话不然[n̠ʑian],

为犹不远[ɣɿuan]。

靡圣管管[kuan],

不实于亶[tan]。

犹之未远[ɣɿuan],

是用大谏[kean]。

(29)侵部[əm]

小雅·鼓钟(四章)

鼓钟钦钦[k'i̯əm],

鼓瑟鼓琴[gi̯əm]。

笙磬同音[i̯əm],

以雅以南[nəm]。

以籥不僭[tsi̯əm]。

(30)谈部[am]

小雅·节南山(一章)

节彼南山,维石岩岩[ŋeam]。

赫赫师尹,民具尔瞻[ȶi̯am]。

忧心如惔[dam],

不敢戏谈[dam]。

国既卒斩[tʃeam],

何用不监[keam]!

* * * *

　　以上讲的是关于音韵学的基础知识。如果要进一步研究音韵学，可读我所著的《汉语音韵》和《汉语音韵学》。《汉语音韵学》（原名《中国音韵学》）是 30 年代的著作，《汉语音韵》是 60 年代的著作，本书《音韵学初步》是 80 年代的著作。三书不同之处，应以本书为准。

主要术语、人名、论著索引

《答江晋三论韵》　129

《答李子德书》　123

戴震（戴氏）　48,49,54,55,85,121,
　130,131,134-136,142,143,158,220

到纽　42,43

等韵　63,72,82,85,95,97-99,102,
　103,105,117,118,127

《等韵切音指南》　104

《等韵一得》　69

调类　58,202

调四声法　203,217

调值　202

叠韵　42-45

丁度　54

独用　51-53,55,132,188,189,191

读若　30,158

读音统一会　40

杜甫　54,57,191-198,200,201,208,
　210,212,215

杜牧　184

杜审言　195

短入　145

段玉裁（段氏）　119,121,122,124,
　127-129,131,133,134,138-146,
　156,187,189,220

对转　129,130,135,147

F

反切（翻、反）　30-39,41-43,45,50,
　62-64,82,96-98,102,108,113,116

-119,158

反切上字　31-39,43,63,64,71,74,
　75,96,98,102,114-117

反切下字　32-34,36-39,63,64,96,
　98,102,114-117

范成大　24

方言　9,20,25,29,35,50,51,67,68,
　70,74,79,113,160,179,182,202,
　217,218

方音　45,50,71,124

封演　50

辅音　8-12,16,20,21,24-26,32,
　34,39,42,69,103,144,182

G

高本汉　69,144

高适　208

古本韵　135

古风　57,207

《古今韵略》　57

古音　6,30,31,36,38,40,41,43,50,
　113,116,118,121-123,130,133,
　137,143,156,159,160,176,184,
　201,219,220

《古音表》　125

《古音娘日二纽归泥说》　159

古韵　118-123,127-138,142,143,
　146,147,160,219,220

《古韵标准》　146

《古韵凡例》　145